Stefan Drüeke

Die Arche Noah – Mythos oder Wahrheit?

Bildquellennachweise (weitere Angaben im Text):
Stefan Drüeke: S. 18, 19, 22, 38, 45, 49, 51, 56, 60, 69, 70, 74, 82, 87, 109, 110, 127, 134, 137, 141, 147, 148, 150, 154
Martin Ernst: S. 146
Heidrun Heide (Vorlage: Tim Lovett): S. 8, 86, 87, 88, 89, 104
Brigitte Saulheimer (Vorlage: Answer in Genesis): S. 30
Wort und Wissen: S. 93, 136
Depositphotos: S. 104
Entwickelt nach Vorlagen: S. 45 (Werner Gitt), 60 (Wiki Commons), 84 (Tim Lovett), 92 (Wort und Wissen), 133 (Wiki Commons)

1. Auflage 2015

Satz und Gestaltung: Stefan Drüeke
Umschlaggestaltung: ideegrafik, Mittenaar
Druck: CPI – Ebner & Spiegel, Ulm
ISBN 978-3-89287-625-0

www.csv-verlag.de

Inhalt

„Und Noah tat nach allem,
was der HERR ihm geboten hatte.“

1. Mose 7,5

1 Einleitung

Der Bericht von Noah und der Arche ist nicht nur eine der bekanntesten Geschichten aus der Bibel, sondern auch eine der strittigsten. Gab es eine weltweite Sintflut[1]? Gab es überhaupt eine Arche? Passten in dieses Schiff alle Tiere, die Noah mit an Bord nehmen sollte? Gibt es Spuren von der Arche und von der Sintflut? Wenn ja, welche Spuren findet man noch heute? Und welche Aussagen des biblischen Sintflutberichts sind wirklich beweisbar bzw. bewiesen? Das sind nur ein paar der Fragen, die immer wieder gestellt werden und die in diesem Buch behandelt werden sollen.

Natürlich müssen bei der Abhandlung dieses komplexen Themas einige Voraussetzungen getroffen werden. Dazu zählt besonders die persönliche Überzeugung des Autors, dass die Bibel das Wort Gottes ist. Dieser Standpunkt lässt sich nicht naturwissenschaftlich beweisen. Andere häufig aufgestellte Behauptungen, dass die Bibel lediglich an einigen Stellen das Wort Gottes enthalte oder nur eine Abschrift bzw. Zusammenfassung irgendwelcher antiken Texte darstelle, sind ebenso wenig beweisbar. Die letztgenannte Meinung steht sogar auf höchst wackeligen Füßen, denn die angeblichen Quellen, von denen die Bibel abgeschrieben worden sein soll, sind bis heute nicht gefunden. Und vieles spricht dafür, dass es sie gar nicht gibt.

---

1 Der Begriff „*Sint*flut" hat an sich gar nichts mit *Sünde* zu tun. Er stammt aus dem Mittel- bzw. Althochdeutschen. Die germanische Vorsilbe *sin* bedeutet „andauernd" oder „umfassend". Mit „Sintflut" war demnach eine allumfassende, weltweite Flut gemeint.

Neben den aktuellen und brisanten Themen *Arche* und *Sintflut* wird noch die Beziehung zwischen dem Sintflutbericht der Bibel und außerbiblischen Sintflutberichten behandelt. Damit wird der Frage nachgegangen, ob der Bericht über Noah und seine Arche ein „Plagiat" darstellt, ob also der biblische Sintflutbericht später als die außerbiblischen Sintflutberichte entstand und folglich von diesen „abgeschrieben" worden ist.

Der biblische Bericht über Sintflut und Arche steht in 1. Mose 6,9-9,19. Dazu kommen noch einige Aussagen aus dem Buch Jesaja (Jesaja 54,9) und aus den Psalmen, die zum Teil nur im Blick auf die Sintflut interpretiert werden können, sowie drei Passagen aus dem Neuen Testament (Hebräer 11,7; 1. Petrus 3,20; 2. Petrus 3,5.6). Über viele Details der Arche und der geologischen Verhältnisse vor und während der Sintflut macht die Bibel kaum (präzise) Angaben. Gott hielt es wahrscheinlich nicht für notwendig, uns solche Einzelheiten mitzuteilen. Erschwerend für ein erdgeschichtliches Verständnis kommt hinzu, dass die Bibel nicht in wissenschaftlicher Fachsprache, sondern in der Sprache des täglichen Lebens spricht. Das ist verständlich, denn die Bibel wurde nicht geschrieben, um Kenntnisse über Geologie zu vermitteln, sondern um den Menschen die Gedanken Gottes kundzutun. Deshalb kann das Zusammenbringen von heutigen Naturbeobachtungen, geologischen Interpretationen und biblischen Aussagen immer nur ein Versuch sein, diese Informationen in einem bibeltreuen Rahmen zu interpretieren. Das dadurch entstehende Bild der Vorzeit – nicht nur zur Zeit der Arche – ist abhängig von menschlichen Interpretationen, die aber fehlerhaft sein können, und muss sich daher stets für Überprüfung und Korrektur von wissenschaftlicher und biblischer Seite her offenhalten. Noch dazu sind die Rahmenbedingungen für ein solches Bild nicht einfach:

- Erdgeschichtliche Prozesse, die in der Vergangenheit abgelaufen sind, sind nur schwer rekonstruierbar.
- Die wenigen Daten lassen viele Deutungen zu.
- Niemand von uns war dabei.
- Geowissenschaftliche Laborversuche zur Rekonstruktion abgelaufener globaler Prozesse sind in der Regel nicht möglich.

So kann lediglich der Versuch unternommen werden, plausible Erklärungen zu finden, die mit dem in der jeweiligen Kultur und Epoche vertretenen Weltbild und der wissenschaftlichen Erkenntnis übereinstimmen.[2] Es muss also gut unterschieden werden zwischen klaren *naturwissenschaftlichen Aussagen*[3] in der Bibel und naturwissen-

---

[2] So schreibt F. Schrenk, Professor für Paläoanthropologie (die auf fossile Funde gegründete Wissenschaft vom vorgeschichtlichen Menschen), zur Ausstellung „Safari zum Urmenschen" – die nichts mit dem Thema Arche und Sintflut zu tun hat – über die Verknüpfung von Weltbild mit Wissenschaft Folgendes: „Die Paläoanthropologie ist eine historische Wissenschaft – es war niemand damals dabei, und keiner weiß, wie es wirklich war. Es gibt kein Richtig, kein Falsch. Also kann auch die Ausstellung – abhängig von dem Weltbild, in dem wir uns bewegen – nur wahrscheinlich oder unwahrscheinlich sein. Und da das Weltbild sich ändert, ist etwas, was wir heute für wahrscheinlich halten, vielleicht sogar in 20 Jahren unwahrscheinlich." In: Hardt, T. et al. (2009): *Safari zum Urmenschen. Die Geschichte der Menschheit entdecken – erforschen – erleben*, Kleine Senckenberg-Reihe 51, Stuttgart, S. 137.

[3] In Hiob 28,25 steht, dass Luft ein Gewicht hat. Eine klare naturwissenschaftliche Aussage, die im 17. Jh. n. Chr. von Evangelista Torricelli bewiesen worden ist. Und Jeremia stellte schon vor über 2.500

schaftlichen *Beobachtungen*, die in den biblischen Bericht eingebaut werden sollen. So berichtet die Bibel über eine Flutkatastrophe, schweigt aber darüber, welche geologischen Ereignisse parallel dazu oder zeitlich unmittelbar danach abliefen. Das bedeutet zum Beispiel, dass die Zuordnung bestimmter geologischer Schichten in das Sintflutjahr die Folge wissenschaftlicher Forschung und nicht biblischer Forderung ist, wobei natürlich eine solche Zuordnung nicht im Widerspruch zu den Gesamtaussagen der Bibel stehen darf.

Erklärungen über vergangene geologische Abläufe werden deshalb immer bruchstückhaft bleiben müssen. Wenn also Ideen über das Aussehen der Arche, die Anzahl der in der Arche mitgereisten Tiere usw. entwickelt werden, sind das Möglichkeiten, wie es gewesen sein *könnte*. Mehr nicht! In diesem Sinn soll hier das Thema „Sintflut und Arche" behandelt werden.

Jahren fest, dass die Anzahl der Sterne nicht zu zählen ist (Jeremia 33,22). Eine weitere naturwissenschaftliche Aussage in der Bibel, die im 20. Jahrhundert bestätigt wurde. Und es ließen sich noch viele weitere solcher Beispiele finden.

2 Die Sintflut – eine weltweite Katastrophe?

Fast jeder kennt die Geschichte von der Arche Noah und der Sintflut. Gleichzeitig wissen die wenigsten, was die Bibel genau über die Sintflut schreibt. Sie wird als eine große, weltumspannende Flut beschrieben, mit der Gott die Menschen für ihr sündiges Leben strafen wollte. Insgesamt dauerte die Katastrophe ein Jahr und elf Tage. Ausgehend von einem Jahr mit 360 Tagen wären das 371 Tage gewesen.

Ein entscheidender Hinweis für eine Monatslänge von 30 Tagen findet sich im ersten Buch Mose selbst. Am 17. Tag des zweiten Monats im 601. Lebensjahr Noahs begann die Sintflut (1. Mose 7,11). Sie dauerte bis zum 17. Tag des siebten Monats, dann begann der Wasserspiegel zu sinken (1. Mose 8,2-5). Dieser Zeitabschnitt dauerte genau fünf Monate. Da an anderer Stelle das genau gleiche Zeitintervall mit 150 Tagen angegeben wird (1. Mose 7,24), ergibt sich daraus, dass ein Monat mit 30 Tagen anzusetzen ist.

Von diesen 371 Tagen regnete es 40 Tage und 40 Nächte, und das Wasser strömte aus den Tiefen der Erde, bis auch der damals höchste Berg der Welt monatelang mit Wasser bedeckt war. Anschließend dauerte es noch mehrere Monate, bis das Wasser wieder abgelaufen war. Nur Noah, der auf göttliche Anweisung diese Arche gebaut hatte, seine Familie und viele Tiere (mindestens ein Paar von jeder Schöpfungsgruppe; s. Kap 6.1) überlebten, obgleich in diesem Schiff viel mehr Platz war. Die Arche setzte schließlich auf dem Gebirge Ararat auf, dessen genaue Lage heute nicht mehr bekannt ist.[4] Von dort aus verbreitete sich das Leben über die verschiedenen Lebensräume der veränderten Erde. Gott schloss den vor der Flut angekündigten Bund mit Noah und versprach, die Menschen nie wieder durch eine weltweite Flut zu bestrafen. So weit eine Kurzübersicht über die Sintflutereignisse. Auf die Frage, *warum* Gott eine solche Flut über die Erde kommen ließ, wird in den folgenden Kapiteln häufiger eingegangen.

Wenn man heute den Sintflutbericht nicht direkt ablehnt, so deutet man ihn als Beschreibung einer *lokalen* Überschwemmung. Dabei stützen sich die Argumente für eine örtlich begrenzte Flut[5] zum Teil auf (scheinbare) naturwissenschaftliche „Beweise"[6], die zusätzlich belegen sollen, dass die Arche für alle Tiere viel zu klein gewesen und dass ein so großes und aus Holz gebautes Schiff unmöglich schwimmfähig sei. Außerdem soll es absolut unrealistisch gewesen sein, sämtliche Tiere zur Arche zu bringen, in der kurzen Zeit von nur einer Woche zu ihrer „Kabine" zu führen und etwa ein Jahr lang zu ernähren. Und genug Wasser, um die ganze Erde zu bedecken, habe es schon gar nicht gegeben.

Gleichzeitig wird behauptet, dass auch in der Bibel Hinweise zu entdecken seien, die eine weltweite Flut infrage

---

[4] Ob mit dem Landeplatz im Gebirge Ararat der heute in der Türkei befindliche „Große Ararat" gemeint ist, wird in Kap. 10.1 behandelt.

[5] Eine populäre Hypothese seit den 1920er Jahren postulierte, dass nur das mesopotamische Tal zwischen Euphrat und Tigris (die Gegend des heutigen Irak) mit Wasser bedeckt gewesen war. Eine weitere geht heutzutage davon aus, dass es sich um einen Wassereinbruch in das Schwarze Meer handelte.

[6] Zum Beispiel „genetischer Flaschenhals" beim Menschen; Anzahl der Tiere in der Arche; Erreichbarkeit der Arche für die Tiere; Fossilienablagerungen; geologische Schichten mit Trockenrissen etc.

stellen; denn die Wörter „alle“ und „ganz“ im Sintflutbericht würden nicht allumfassend, sondern in ihrer Bedeutung eingeschränkt verwendet werden. „Alle“ wird auf diesem Weg zu einem Synonym für „viele“ und „ganz“ für „ein Teil“.

An dieser Stelle sollen nun zunächst die Einwände gegen eine weltweite Flut diskutiert werden, bevor elf wesentliche Argumente für eine weltweite Flut angeführt werden.

2.1 Einwände gegen eine weltweite Flut

2.1.1 „Alles“ bedeutet in der Bibel oft nicht alles

Ein Paradebeispiel für diese Behauptung ist die Aussage in der Josephs-Geschichte, dass „*alle* Welt nach Ägypten zu Joseph kam, um Getreide zu kaufen; denn die Hungersnot war stark auf der *ganzen* Erde“ (1. Mose 41,57). Es liegt auf der Hand, dass nicht die Bewohner Ostasiens und Australiens zu Joseph reisten, um Getreide zu kaufen. „Alle“ und „ganz“ können an dieser Stelle nur einschränkend gemeint sein: Nur die Völker des Nahen Ostens kamen nach Ägypten zu Joseph, um dort Getreide zu kaufen. Denn die Hungersnot war groß in dieser Gegend.

Etwas Ähnliches findet man im Neuen Testament: „Es geschah aber in jenen Tagen, dass eine Verordnung vom Kaiser Augustus ausging, den *ganzen* Erdkreis einzuschreiben“ (Lukas 2,1). Auch in dieser Begebenheit macht der Textzusammenhang klar, dass es sich nicht um die gesamte Weltbevölkerung handeln kann, sondern um die Bewohner des Römischen Reichs.

Weil nun „alle“ und „ganz“ in diesen beiden Abschnitten eben nicht „alle“ im absoluten Sinn bedeuten (können), dürfe demnach – so die Argumentation der Befürworter einer lokalen Flut – die Aussage „Und die Wasser nahmen so sehr überhand auf der Erde, dass *alle* hohen Berge, die unter dem *ganzen* Himmel sind, bedeckt wurden“ (1. Mose 7,19) auch nicht wörtlich verstanden werden. Angeblich seien nur *einige* hohe Berge mit Wasser bedeckt gewesen.

Doch diese Behauptung wird weder durch den Kontext noch durch das zweifache Auftreten von „alle“ oder „ganz“ (hebr. *kol*) in 1. Mose 7,19 belegt: „Und die Wasser nahmen so sehr überhand auf der Erde, dass alle (hebr. *kol*) hohen Berge, die unter dem ganzen (hebr. *kol*) Himmel sind, bedeckt wurden.“ Der doppelte Gebrauch des hebräischen Wortes *kol* dramatisiert die Begebenheit und lässt keinen Raum für eine ausschließlich lokale Flut. Vielleicht überzeugt dieses Argument nicht alle Leser sofort. Aber auch wenn man das Wörtchen „alle“ nicht in seiner allumfassenden Bedeutung verstehen will, hält man noch längst keinen Beweis für eine lokale Flut in den Händen. Denn wenn auch nur einer der „hohen Berge“ mit Wasser bedeckt war, muss die Flut global gewesen sein. Die ganze Erde mit Ausnahme der höchsten Bergspitzen läge somit unter Wasser.

2.1.2 Die geographische Lage von Euphrat und Tigris

Die Bibel berichtet, dass die ersten Menschen Adam und Eva in der Zeit vor dem Sündenfall im Garten Eden wohnten. Dort ließ Gott verschiedene Bäume wachsen, die „lieblich anzusehen und gut zur Speise“ (1. Mose 2,9) waren. Zwei dieser Bäume werden sogar mit Namen genannt: der in der Mitte des Gartens stehende „Baum des Lebens“ und der „Baum der Erkenntnis des Guten und Bösen“. Dass Gott genau diese beiden Bäume mit Namen erwähnt, zeigt, dass das Alte Testament nicht ausschließlich als Geschichtsbuch geschrieben ist, sondern auch eine geistliche Bedeutung beinhaltet. So möchte Gott darauf hinweisen, dass Leben und Gnade von ihm ausgehen und im Mittelpunkt seines Handelns stehen, denn der Baum des Lebens spricht vorbildhaft von Jesus Christus. Auf der anderen Seite steht die Verantwortung des Menschen seinem Schöpfer gegenüber. Und wie die beiden parallel verlaufenden Schienen eines Eisenbahnstrangs, so laufen diese beiden Linien, die Gnade Gottes und die Verantwortung des Menschen, nebeneinander durch den Raum der Zeit. Einmal haben sie sich getroffen, das war am Kreuz von Golgatha. Dort wurde das völlige Versagen des Menschen und die darüber siegende Gnade Gottes offenbar, als Gott seinen Sohn für sündige Menschen strafte.

Aus dem Zentrum von Eden floss ein großer Strom, um den Garten zu bewässern. Von dort teilte sich der mächtige Fluss in die vier Flussarme Pison, Gihon, Hiddekel und Phrat, um Landflächen außerhalb des Gartens zu bewässern (Abb. 1): „Und Gott der HERR pflanzte einen Garten in Eden gegen Osten, und dorthin setzte er den Menschen, den er gebildet hatte. Und Gott der HERR ließ aus dem Erdboden allerlei Bäume wachsen, lieblich anzusehen und gut zur Speise; und den Baum des Lebens in der Mitte des Gartens, und den Baum der Erkenntnis des Guten und Bösen. Und ein Strom ging aus von Eden, um den Garten zu bewässern; und von dort aus teilte er sich und wurde zu vier Flüssen. Der Name des ersten: Pison; dieser ist es, der das ganze Land Hawila umfließt, wo das Gold ist; und das Gold dieses Landes ist gut; dort gibt es das Bedolach und den Stein Onyx. Und der Name des zweiten Flusses: Gihon; dieser ist es, der das ganze Land Kusch umfließt. Und der Name des dritten Flusses: Hiddekel; dieser ist es, der östlich von Assyrien fließt. Und der vierte Fluss, das ist der Phrat“ (1. Mose 2,8-14).

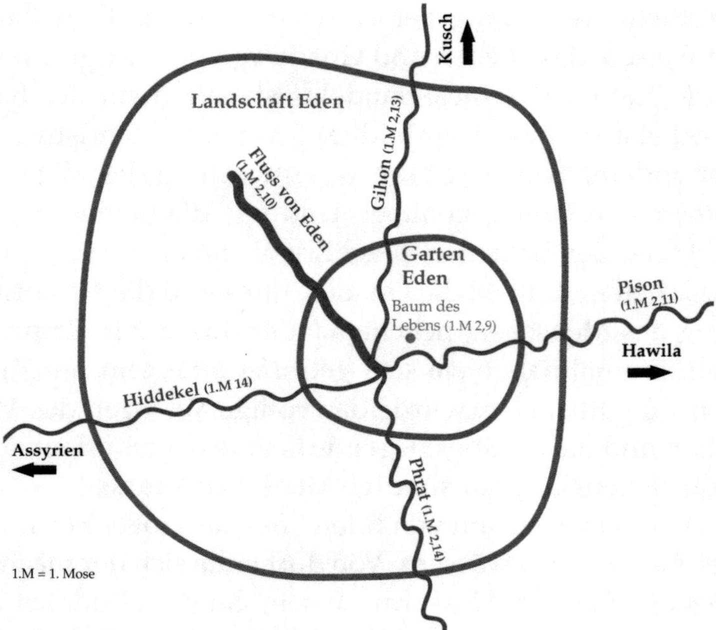

Abb. 1: Schematische Darstellung des Flusssystems in Eden. In der Landschaft Eden lag der Garten Eden; aus dem Garten Eden flossen vier Flüsse, um das Land außerhalb der Landschaft Eden zu bewässern. Nur der *Baum des Lebens* stand in der Mitte des Gartens. Der Standort des *Baumes der Erkenntnis des Guten und Bösen* ist nicht bekannt.

- Der Fluss *Pison* kommt in der Bibel nur in dieser Stelle vor.
- Der Fluss *Gihon* wird nach der Sintflut noch in einer Begebenheit im Alten Testament erwähnt. Doch bezeichnet er dort einen ganz anderen Fluss bei Jerusalem.[7]
- Der Fluss *Hiddekel* wird im Buch Daniel als der „große Strom" (Daniel 10,4) bezeichnet, der schon durch die Septuaginta (d. i. die griechische Übersetzung des hebräischen Alten Testaments) als „Tigris" iden-

[7] 1. Könige 1,33.38.45 und in der Parallelstelle 2. Chronika 32,30; 33,14.

tifiziert wurde. In den alten und neuen Sprachen des Nahen Osten besitzt der Fluss unter anderem folgende Namen: Idiglat, Tigr, Deqlath, Didschla und Dicle. Es steht außer Frage, dass im Buch Daniel der heutige Tigris gemeint ist.

- Lediglich der Fluss *Phrat* kommt häufiger im Alten Testament vor und wird mit Ausnahme von 1. Mose 2,14 berechtigterweise stets mit „Euphrat" übersetzt.

Deshalb sollen nach Ansicht der Befürworter einer lokalen Flut die vorsintflutlichen Flüsse Hiddekel und Phrat mit den heutigen Flüssen Tigris und Euphrat identisch sein. Da sich dann wenigstens in dieser Gegend die Topographie nicht verändert hat, könne die Sintflut nur lokal stattgefunden haben – so die logische Schlussfolgerung der Kritiker einer weltweiten Flut.

Doch das ist so allgemein nicht richtig. Im Garten Eden gab es wie oben erwähnt zunächst einen einzigen Fluss,

Abb. 2: Euphrat und Tigris mit ihren Quellflüssen

der sich dann in vier Flüsse aufteilte. Doch das entspricht ganz und gar nicht dem aktuellen Landschaftsbild jener Gegend (siehe Abb. 2):

Der *Euphrat* besitzt zwei Quellflüsse, den Murat und den Karasu. Beide entspringen im Inneren Taurusgebirge in der heutigen Türkei und fließen ziemlich parallel in westlicher Richtung, bis sie sich an der Keban-Talsperre zum Euphrat vereinen.

Der *Tigris* entspringt im Osttaurus im Osten der Türkei und verläuft auf einer kurzen Strecke entlang der Grenze zu Syrien. Anschließend durchfließt er den Irak und vereinigt sich bei Al Qurnah mit dem Euphrat zum Schatt al-Arab, der in den Persischen Golf mündet.

Trotz der Namensgleichheit ist damit nicht gesichert, dass Phrat und Hiddekel im Garten Eden mit den heutigen Flüssen Euphrat und Tigris identisch sind. Und wenn es doch so wäre, bedeutet das noch gar nicht, dass die Flussläufe damals die gleichen waren wie heute. Denn das schon seit 5.000 Jahren besiedelte Schwemmland Mesopotamiens stammt aus dem geologisch jungen Quartär und wurde sehr wahrscheinlich erst nach der Sintflut abgelagert. Da Gott selbst angekündigt hatte, dass Er den Menschen „von der Fläche des Erdbodens vertilgen" werde (1. Mose 6,7), sind wohl in den unteren geologischen Schichten weder vorsintflutliche Spuren noch Fossilien von Menschen zu erwarten. Ihre ehemaligen Lebensräume sind nicht überliefert. Die Flut muss vieles durch mächtige Ablagerungsschichten oder Wassermassen unwiederbringlich zerstört haben. Wie 1. Mose 6-9 beschreibt, muss die Sintflut die Oberfläche der Erde vollständig zerstört haben. Ein Hinweis dazu findet sich auch im Neuen Testament: „durch welche die damalige Welt, von Wasser überschwemmt, unterging" (2. Petrus 3,6).

Deswegen gibt es heute keine Spuren mehr vom Garten Eden mit seinem außergewöhnlichen Flusssystem.

Noch ein letzter Hinweis: Manchmal tragen (bis heute) verschiedene Orte, Flüsse etc. zur selben Zeit gleiche Namen.[8] Und das, obwohl sie nichts miteinander zu tun haben.

2.1.3 Die geologischen Spuren fehlen

Überall auf den Kontinenten finden sich Ablagerungs- bzw. Sedimentgesteine (siehe Kap. 9.1.4). Dabei wurde Schicht auf Schicht abgelagert. In früheren Abhandlungen über die Sintflut gingen die Autoren in der Regel davon aus, dass die meisten Ablagerungsgesteine während des Sintflutjahrs abgelagert wurden.[9] Weitere Forschungen haben jedoch gezeigt, dass es in einigen dieser Schichten deutliche Hinweise auf Unterbrechungen gibt. So kann man zum Beispiel aus fossilen Trockenrissen auf Trockenperioden zurückschließen. Solche Trockenperioden sind nach heutigem Kenntnisstand nicht in einem *einzigen* Sintflutjahr zu erklären. Ebenso bereiten weitere geologische Beobachtungen, wie zum Beispiel an Ort und Stelle gewachsene Korallenriffe, Probleme in Bezug auf eine kurze Entstehungszeit. Dennoch müssen auch dafür nicht Jahrmillionen und Jahrtausende vorausgesetzt werden. Weiter ist auch die Bildung der regelhaften weltweiten Ablagerung vieler Milliarden Fossilien (seit dem Kambrium) in den Sedimentgesteinen eine große Herausforderung. Das

---

8 So gab es den Ortsnamen Maon zum Beispiel in Juda und im Ostjordanland.

9 Whitcomb, J. C., Morris, H. M. (1961): *The Genesis Flood. The Biblical Record and its Scientific Implications*. Erschien 1977 unter dem Titel *Die Sintflut* auf Deutsch.

Abb. 3: Trockenrisse an der Unterseite eines Felsüberhangs, Dinosaur National Monument, Uinta Mountains, Colorado (USA), N40°25.305', W109°11.194'; 18.9.2013

wäre nach heutigem Kenntnisstand in einem einzigen Jahr nicht nachvollziehbar. Diese Befunde – und das sind nur einige der bekannten Schwierigkeiten – könnten in der Tat ein Problem darstellen, wenn der biblische Bericht behaupten würde, dass alle geologischen Systeme während der Flutkatastrophe entstanden seien. Gerade das ist aber nicht der Fall. Die Bibel äußert sich nicht zu diesem Punkt. Es gibt in diesen Schichten viele Hinweise, dass sie sehr schnell und katastrophisch abgelagert wurden.[10] Oft fehlen die Hinweise auf lange Zeiträume. Doch ob bzw. welche Schichten aus der Zeit der Sintflut stammen, wissen wir zurzeit nicht. Darum sind die geologischen Schichten

[10] Zur Problematik der Entstehung der geologischen Schichten siehe: Stephan, M. (2012): *20 Millionen Jahre geologischer Dauerstillstand*, Holzgerlingen; und Ernst, M., Gerard, G. (2010): *Die tertiäre Fundschicht der Eolithen von Aurillac*, Holzgerlingen.

weder ein Beleg für eine lokale noch für eine globale Flut. Allerdings zeigen uns viele Sedimentgesteine, dass sie unter globalen katastrophischen Bedingungen entstanden sein müssen.

2.1.4 Ein letzter Einwand

Dieser letzte Einwand richtet sich nicht nur gegen eine weltweite Flut, sondern gegen den Wahrheitsgehalt des biblischen Berichts an sich, da behauptet wird, dass Mose lediglich von unterschiedlichen Quellen abgeschrieben haben soll. Lange Zeit gingen die meisten Wissenschaftler von der Zuverlässigkeit des alttestamentlichen Bibeltextes aus. Doch dann kam die Bibelkritik auf, die im 18. Jahrhundert in die sogenannte Quellenscheidungstheorie mündete.

So war es H. B. Witter, der 1711 meinte, in 1. Mose 1-3 zwei verschiedene Quellen zu entdecken, von denen der Schreiber des Genesisbuchs abschrieb und daraus ein Buch formte. Der Unterschied ergab sich aus dem Vorkommen zweier Namen für Gott, nämlich Elohim (Gott) und Jahwe (HERR).

J. G. Eichhorn, der als Vater der Quellenscheidungstheorie bezeichnet wird, unterteilte aufgrund dieser Erkenntnis das erste Buch Mose in die Quelle „J" (Jahwist) und die Quelle „E" (Elohist). Quelle „J" gebraucht demnach den Namen „Jahwe" und Quelle „E" den Namen „Elohim". Zusätzlich entwickelte er weitere Kriterien für seine beiden Quellen, nämlich „Parallelgeschichten" wie beim Schöpfungsbericht und „Duplikate" wie zum Beispiel beim Sintflutbericht. Darüber hinaus wurden im 19. Jahrhundert noch weitere Quellen rekonstruiert, von denen die fünf Bücher Mose abgeschrieben worden sein sollen. Im 21. Jahrhundert sind zurzeit die Quellen J, E, D und P anerkannt.

Quelle J soll aus der Zeit um 850 v. Chr. stammen und hat besonders die Biografien der biblischen Personen zum Inhalt.

Quelle E soll aus der Zeit um 750 v. Chr. sein und hat einen ähnlichen Inhalt wie J. Allerdings interessiert sich E nicht so sehr für die Biografien, sondern beschäftigt sich besonders mit Bräuchen damaliger Zeit.

Quelle P stammt aus der Exilszeit um 500 v. Chr. und benutzt ausschließlich den Gottesnamen E. Damit ist P schwer von E zu unterscheiden. Ihr Hauptaugenmerk soll aber besonders auf Priesterdienst, Opfervorschriften und Stammbäumen liegen.

Quelle D soll aus dem frühen 7. Jh. v. Chr. stammen, bevorzugt keinen der beiden Gottesnamen und hat zum Inhalt, dass man Gott nur an einem Ort opfern darf.

Nach dieser Theorie kann Mose (um 1500 v. Chr.) dann unmöglich der Autor des Pentateuch sein.

Das Hauptargument für die Quellenscheidungstheorie ist demnach der Wechsel der Gottesnamen Elohim und Jahwe im Pentateuch. Die beiden bekanntesten Beispiele für diese Theorie sollen die einander ähnelnden, aber doch unterschiedlichen Berichte im Schöpfungsbericht und die Vermischung zweier Quellen im Sintflutbericht sein.

So wird in 1. Mose 1,1-2,3 in der Tat ausschließlich der Name Elohim (Gott) verwendet, während in 1. Mose 2,4-25 immer der Name Jahwe-Elohim (der HERR, der Gott) verwendet wird, wie die folgende Tabelle zeigt.

Text	**Anzahl Elohim**	**Anzahl Jahwe-Elohim**
1. Mose 1,1-2,3	35	0
1. Mose 2,4-25	11	11

In der Tat, ein beeindruckendes Ergebnis. Ist das aber nun ein Beweis für die Quellenscheidungstheorie?

Da wir heute keine Originalhandschriften mehr besitzen und niemand von uns dabei war, als der Pentateuch geschrieben wurde, muss eine ganz wichtige Bedingung erfüllt sein, um von einer bewiesenen Tatsache sprechen zu können: Es muss gezeigt werden, dass es keine andere plausible Begründung für den Namenswechsel Elohim und Jahwe-Elohim gibt.

Vergleicht der unvoreingenommene Leser die beiden Abschnitte, stellt er fest, dass dem Menschen in Kapitel 1,1-2,3 gerade einmal 14 % der Textmenge gewidmet sind: ungefähr so viel wie den Tieren und den Pflanzen. So heißt es im Schöpfungsbericht in 1. Mose 1 immer Gott (hebr. Elohim), denn Gott stellt sich dort vor als der allmächtige Schöpfer-Gott, eben als Elohim.

In 1. Mose 2,4-25 sieht das ganz anders aus. Der Mensch nimmt mehr als 64 % der Textmenge ein, besonders der sechste Schöpfungstag wird wie durch eine Lupe genauer betrachtet, und die Tiere wie auch der Garten Eden werden in Beziehung zum Menschen gesetzt. Und so taucht in diesem Abschnitt, der so ausführlich die Erschaffung von Mann und Frau beschreibt, der Name HERR (hebr. Jahwe) zum ersten Mal auf (vgl. Kap. 2,4 ff.). Deshalb hatte in 2. Mose 32,14 auch der HERR (hebr. Jahwe) Mitleid mit Seinem Volk Israel, obwohl es Bestrafung verdient hatte: „Und es reute den HERRN das Übel, wovon er geredet hatte, dass er es seinem Volk tun werde.“ Auch der Flutbericht beginnt mit den Worten: „Und es reute den HERRN, dass er den Menschen gemacht hatte auf der Erde, und es schmerzte ihn in sein Herz hinein“ (1. Mo 6,6). Als Noah in die Arche hineinging, schloss der HERR hinter ihm zu (1. Mo 7,16).

Wenn sich also Gott dem Menschen zuwendet, nennt Er sich nicht mehr nur Gott, sondern Gott, der HERR (hebr. Jahwe-Elohim). Der Kontext gibt also ebenfalls eine Begründung – und eine viel plausiblere – für den Namenswechsel Elohim und Jahwe-Elohim. Es handelt sich hier gar nicht um Abschriften von zwei verschiedenen Quellen, sondern um einen einzigen Schöpfungsbericht mit einer zweifachen Sichtweise.

Beim Flutbericht sieht die Sache absolut undurchsichtig aus. Es müssten sogar manchmal einzelne (!) Verse zerlegt werden, damit die Quellenscheidungstheorie funktioniert. Dadurch ergibt sich folgendes Bild: *Elohim* steht in 1. Mose 6,2.4.9.11-13.22; 7,9.16a; 8,1.15; 9,1.6.8.12.16.17.26.27 und *Jahwe* findet sich in 1. Mose 6,3.5-8; 7,1.5.16b; 8,20.21; 9,26a

Exemplarisch soll 1. Mose 7,16 herausgegriffen werden: „Und die hineingingen, waren männlich und weiblich, von allem Fleisch, wie ***Gott*** ihm geboten hatte. Und der ***HERR*** schloss hinter ihm zu." Der ***allmächtige Gott*** gebot Noah, was er zu tun hatte, und schickte in seiner Allmacht die Tiere zur Arche. Und in seiner Gnade schloss der ***HERR*** anschließend selbst die Tür, damit Noah und seine Mitreisenden in Sicherheit waren. Bei so einfachen Erklärungen erscheint es viel einfacher, davon auszugehen, dass Gott den gesamten Text seinem Schreiber Mose eingegeben hat. Darin zeigt er sich zum einen als der allmächtige Schöpfer und auf der anderen Seite als der Gott, der eine persönliche Beziehung zu Noah hatte: Noah fand „Gnade in den Augen des HERRN", der sich ihm zugeneigt hatte, und „Noah wandelte mit Gott", das heißt den Anforderungen eines heiligen, allmächtigen Gottes entsprechend (1. Mose 6,8.9).

So kann hier schon festgestellt werden, dass erheblich mehr dafür spricht, von Mose als Autor des biblischen

Sintflutberichts auszugehen als vom Abschreiben unterschiedlicher, mit Fehlern behafteter Quellen.

2.2 Elf wesentliche Gründe für eine weltweite Flut

2.2.1 Die Notwendigkeit, ein (riesiges) Schiff zu bauen, um Menschen und Tiere zu retten

Der Auftrag Gottes an Noah war unmissverständlich: Noah sollte ein riesiges Holzschiff bauen, um Menschen und Landtiere, einschließlich der Vögel, zu retten. Für eine ausschließlich lokale Überschwemmung wäre ein Schiff wie die Arche gar nicht nötig gewesen. Gott hätte Noah und seine Familie warnen und in Sicherheit bringen können. Bei einer durchschnittlichen Tageslaufleistung von nur zehn Kilometern hätten sie nach einem halben Jahr etwa 1.800 Kilometer weit fliehen können. Auch Lot zum Beispiel wurde aus Sodom gerettet, bevor Feuer vom Himmel fiel (vgl. 1. Mose 19,15-26). Bei einer lokalen Flut wären die Vögel weggeflogen und viele Tiere geflüchtet. Langsame Tiere hätte Noah selbst retten können. Warum mussten Vertreter „von den Vögeln nach ihrer Art und vom Vieh nach seiner Art, von allem Gewürm des Erdbodens nach seiner Art" in die Arche gebracht werden, „um am Leben zu bleiben" (1. Mose 6,20)? Für eine lokale Überschwemmung wäre ein so riesiges Schiff nicht nur überdimensioniert, sondern völlig überflüssig. Niemand hätte ein Schiff gebraucht. Die Tatsache, dass Gott Noah befahl, eine Arche zu bauen, „um Nachkommen am Leben zu erhalten auf der Fläche der ganzen Erde" (1. Mose 7,3), bestätigt von biblischer Seite her eine weltweite Flut.

2.2.2 *Die Länge der Bauzeit*

Wenn Noah in Mesopotamien lebte und die Flutkatastrophe ausschließlich auf dieses Gebiet begrenzt war, hätten alle Bewohner innerhalb der 120 Jahre Bauzeit der Arche diese Gegend weiträumig verlassen und sich woanders – vielleicht in einem hoch gelegenen Bergland – niederlassen können. Noah hätte dann 120 Jahre seines Lebens an einem unnötigen Schiff gebaut.

2.2.3 *Die Vögel mussten in die Arche*

Noah erhielt von Gott den ausdrücklichen Befehl, dass auch Vögel in die Arche aufgenommen werden mussten: „... und alle Vögel nach ihrer Art, jeder Vogel von allerlei Gefieder. Und sie gingen zu Noah in die Arche, je zwei und zwei von allem Fleisch, in dem ein Hauch des Lebens war" (1. Mose 7,14.15). Bei einer regionalen Flut wäre es unnötig gewesen, Vögel mit an Bord zu nehmen. Sie hätten schnell zum nächsten sicheren Ort fliegen können. Vögel absolvieren problemlos Nonstop-Flüge über Gebirge, Ozeane und Wüsten. Der Mauersegler beispielsweise schafft bis zu 1.000 Kilometer am Tag – ohne eine Pause. Und die Küstenseeschwalbe, die in den nördlichen Polarregionen brütet, fliegt im Jahr einmal Südpol und zurück. Dabei legt sie in einem Jahr 80.000 Kilometer zurück. Die Mitnahme von Vögeln bei einer lokalen Flut macht in der Tat noch weniger Sinn, als ein Schiff zu bauen.

2.2.4 *Die höchsten Berggipfel waren bedeckt*

Die Verse, die am eindeutigsten von einer weltweiten Wasserflut sprechen, finden sich in 1. Mose 7,17-24: „Und die Flut kam vierzig Tage lang über die Erde. Und die Wasser mehrten sich und hoben die Arche empor; und sie erhob sich über die Erde. Und die Wasser nahmen überhand und mehrten sich sehr auf der Erde; und die Arche fuhr auf der Fläche der Wasser. Und die Wasser nahmen so sehr überhand auf der Erde, dass *alle* hohen Berge, die unter dem *ganzen* Himmel sind, bedeckt wurden. Fünfzehn Ellen darüber nahmen die Wasser überhand, und die Berge wurden bedeckt. Da verschied *alles* Fleisch, das sich auf der Erde regte, an Vögeln und an Vieh und an Tieren und an *allem* Gewimmel, das auf der Erde wimmelte, und *alle* Menschen; *alles* starb, in dessen Nase ein Odem von Lebenshauch war, von *allem*, was auf dem Trockenen war. Und vertilgt wurde *alles* Bestehende, das auf der Fläche des Erdbodens war, vom Menschen bis zum Vieh, bis zum Gewürm und bis zu den Vögeln des Himmels; und sie wurden von der Erde vertilgt. Und nur Noah blieb übrig und was mit ihm in der Arche war. Und die Wasser nahmen überhand auf der Erde hundertfünfzig Tage." In diesem Abschnitt kommt das Wörtchen *„alle(s)"* bzw. *„ganz"* (hebr. *kol*) achtmal vor. Durch die Wassermasse wurden nicht nur alle Berge unter dem ganzen Himmel, das heißt auf der ganzen Erde, bedeckt, sondern alle an Land lebenden Lebewesen starben. Das wäre bei einer örtlich begrenzten Flut unmöglich.

Alleine schon die Aussage „Fünfzehn Ellen darüber [d. h. über alle hohen Berge] nahmen die Wasser überhand, und die Berge wurden bedeckt" (1. Mose 7,20) reicht aus, um eine weltweite Flut zu beschreiben. Wenn nur der kleinste der höchsten vorsintflutlichen Berge von Wasser bedeckt gewesen wäre, wäre die Sintflut alles andere als lokal gewesen. Sie hätte weltweit sein müssen, und nur die wenigen etwas höheren Berge hätten dann mit ihren Berggraten und -spitzen aus dem riesigen Wassermeer herausgeragt. Denn Wasser hat stets überall die gleiche Höhe. Die biblische Aussage geht aber noch weiter: *Alle* hohen vorsintflutlichen Berge waren mit Wasser bedeckt.

Abb. 4: So sähe eine lokale Flut aus, wenn die höchsten Berge bedeckt gewesen sind. Eine solche frei stehende Wasserwand wäre sicher ein größeres Wunder als eine weltweite Flut.

Das Wort „alle" wird in der Bibel manchmal tatsächlich im relativen Sinn gebraucht (siehe dazu Kap. 2.1.1). Doch mit dem Zusatz „unter dem *ganzen* Himmel" beseitigt der Autor diese Unklarheit. Die niedrigste Wassertiefe betrug ca. 7,50 Meter.[11] Das war auch nötig, damit die Arche sicher schwimmen konnte. Damit sagt der biblische Text nur etwas zur Mindestwassertiefe der Sintflut und nichts über die absolute Höhe der vorsintflutlichen Berge. Diese können demnach also auch deutlich niedriger gewesen sein als die heutigen Gipfel des Himalaya-Gebirges.

Wir sehen also, dass in der Bibel von einer globalen Wasserkatastrophe die Rede ist. Hätte die Sintflut ledig-

[11] Dieser Wert ergibt sich aus der Aussage, dass die höchsten Berge 15 Ellen mit Wasser bedeckt waren (1. Mose 7,20). Die Länge einer Elle wird in Kapitel 5.2 diskutiert.

lich lokale Ausmaße gehabt, müssten dem biblischen Text Fehler unterstellt werden (was natürlich dann auch zu belegen wäre). Oder es hätte während der Sintflut frei stehende senkrechte Wasserwände geben müssen, was sicher ein noch größeres Wunder gewesen wäre als selbst eine weltweite Sintflut. Denn wie sonst sollen bei einer nicht globalen Flut nur einige der höchsten Berge mit Wasser bedeckt sein?

2.2.5 Die Dauer der Flut

Nach dem biblischen Sintflutbericht dauerte die Flut insgesamt ein Jahr und elf Tage. (Siehe dazu die tabellarische Auflistung in Kap. 3.2 „Die Zeitabschnitte der Flut".) Damit die höchsten Berge mit Wasser bedeckt wurden, musste es 40 Tage ununterbrochen regnen und musste Wasser aus der Tiefe sprudeln. Danach bedeckte diese gigantische Wassermasse noch weitere 110 Tage die ganze Erde. Die lange Zeitspanne von über 200 Tagen, die anschließend nötig war, damit die Wasser vom Erdboden weichen konnten, ist ein Hinweis auf das Ausmaß der Flut und die gewaltige Wassermenge. Allein bis die ersten Bergspitzen sichtbar wurden, musste das Wasser 74 Tage sinken. Wie hätte Noah so lange mit seiner Arche auf einer kleinen, begrenzten Wasserfläche umherfahren können, ohne vorher eine Berglandschaft zu sehen?

2.2.6 Die Quellen der großen Tiefe

Der biblische Bericht betont, dass nicht nur einige Quellen der großen Tiefe aufbrachen, sondern dass *alle* Quellen aufbrachen (vgl. 1. Mose 7,11) und 40 Tage lang Wasser aus unterirdischen Speichern strömte, die heute aber nicht mehr bekannt sind. Wahrscheinlich fanden damit zeitgleich (Natur-)Katastrophen wie Erdbeben und Vulkanausbrüche statt. Vorstellbar ist das jedenfalls, wenn sich riesige unterirdische Vorratskammern öffnen und leerlaufen. Das hätte enorme geologische Vorgänge zur Folge (z.B. Gebirgsbildung, Verschiebung der Kontinentalplatten), die mit einer örtlich begrenzten Flut nicht in Übereinstimmung gebracht werden können.

2.2.7 *Alle nicht im Wasser lebenden Tiere und die Menschen – außer denen in der Arche – sollten in der Sintflut umkommen*[12]

„Denn in noch sieben Tagen, so lasse ich auf die Erde regnen vierzig Tage und vierzig Nächte und werde von der Fläche des Erdbodens alles Bestehende vertilgen, das ich gemacht habe" (1. Mose 7,4)[13] – so lautet der biblische Bericht. Dass „alles Bestehende" vertilgt worden wäre, wäre bei einer lokalen Flut absolut unmöglich gewesen. Die meisten Tiere hätten ohne Probleme auf die nächsten höheren Berge fliehen können. Das bestätigt zum Beispiel die verheerende Tsunami-Katastrophe Asiens im Dezember 2004: *„Die Naturschutzbehörde Sri Lankas steht vor einem Rätsel: Nach den verheerenden Flutwellen ist die Region übersät mit menschlichen Leichen, bislang sind jedoch keine Kadaver wilder Tiere gefunden worden. ‚Es gibt keine toten Elefanten, nicht einmal einen toten Hasen oder ein totes Kaninchen' … Ein Erdbeben der Stärke neun hatte am Sonntag gigantische Flutwellen ausgelöst, die bis zu drei Kilometer weit in den Yala National Park peitschten. In diesem größten Naturschutzreservat Sri Lankas leben Hunderte wilder Ele-*

---

[12] Das bestätigt auch das Neue Testament, u. a. in Lukas 17,26.27 und in 1. Petrus 3,20 (vgl. 2. Petrus 2,5; Jesaja 54,9).

[13] Ähnliche Aussagen finden sich aber auch noch in anderen Versen aus den Kapiteln 7 und 8.

fanten und Leoparden. ‚Ich glaube, die Tiere können Katastrophen spüren. Sie haben einen sechsten Sinn.'"[14]

Hätte eine räumlich stark abgegrenzte Flutkatastrophe alle Menschen außerhalb der Arche vernichten können, so hätten alle damals lebenden Menschen ausschließlich in einem kleinen Tal siedeln müssen. Doch die Bibel berichtet, dass Kain von dem „Angesicht des HERRN" wegging und „im Land Nod, östlich von Eden", lebte; und auch vor der Sintflut wurden schon Städte gebaut (1. Mose 4,16.17). Das ist bemerkenswert, denn Kain war der erste Sohn von Adam und Eva. Er lebte in der zweiten Menschheitsgeneration und war zugleich der erste Mörder der Weltgeschichte, indem er seinen Bruder Abel erschlug. Gott verfluchte ihn daraufhin vom Erdboden und setzte ein Zeichen an ihn, damit er nicht erschlagen würde (1. Mose 4,15). Deswegen ging Kain weg von dem Angesicht Gottes und baute im Land Nod eine Stadt und benannte diese Stadt nach seinem Sohn Hanoch. Die Menschen vor der großen Flut hatten demnach schon größere und verschiedene Gebiete auf der Erde besiedelt. Eine lokale Flut hätte die Menschheit nicht vernichten können.

2.2.8 Gott versprach, nie mehr die Erde durch eine solche Flut zu zerstören

Gott selbst sagte damals nach der Sintflut, dass es nicht noch einmal eine solche Flut geben wird: „Ich werde meines Bundes gedenken, der zwischen mir und euch ist und jedem lebendigen Wesen von allem Fleisch. Und nicht mehr sollen die Wasser zu einer Flut werden, um alles Fleisch

---

[14] Spiegel Online Wissenschaft vom 30.12.2004 auf http://www.spiegel.de/wissenschaft/natur/animalische-instinkte-wildtiere-entkamen-flutwelle-a-334877.html [16.9.2014].

zu verderben“ (1. Mose 9,15). Ein Blick[15] in geschichtliche Aufzeichnungen sowie in Statistiken der letzten Jahre zeigt, dass bis heute nicht wenige lokale Flutkatastrophen mal mit geringeren, mal mit größeren Ausmaßen aufgetreten sind:

Mai 2010:	Hochwasser in Mitteleuropa;
Juli 2010:	Überschwemmungskatastrophe in Pakistan (über 1.700 Todesopfer);
Dezember 2010:	Überschwemmungen in Queensland, Australien (über 30 Todesopfer);
Dezember 2010:	Überschwemmungen in Victoria, Australien (mindestens 1 Todesopfer);
Oktober 2011:	Überschwemmungen in Thailand (ca. 300 Todesopfer);
Mai/Juni 2013:	Überschwemmungen in Europa (über 25 Todesopfer);
Juni 2013:	Überschwemmungen in den Pyrenäen (mindestens 1 Todesopfer).

Demnach muss es sich im biblischen Bericht um eine weltweite Flut gehandelt haben, sonst hätte Gott sein Wort mehrmals gebrochen. Nur eine weltweite Überschwemmung ist nach der Sintflut nie mehr aufgetreten.

2.2.9 Die Schreiber im Neuen Testament

Petrus beschreibt ebenfalls ein weltweites Ausmaß der Flut: „... indem ihr zuerst dieses wisst, dass in den letzten Tagen Spötter mit Spötterei kommen werden, die nach ihren eigenen Begierden wandeln und sagen: Wo ist die Verheißung seiner Ankunft? Denn seitdem die Väter ent-

---

[15] http://de.wikipedia.org/wiki/Liste_von_Hochwasser-Ereignissen [25.11.2014].

schlafen sind, bleibt alles so von Anfang der Schöpfung an. Denn nach ihrem Willen ist ihnen dies verborgen, dass von alters her Himmel waren und eine Erde, entstehend aus Wasser und im Wasser durch das Wort Gottes, durch welche die damalige Welt, von Wasser überschwemmt, unterging. Die jetzigen Himmel aber und die Erde sind durch dasselbe Wort aufbewahrt für das Feuer, behalten auf den Tag des Gerichts und des Verderbens der gottlosen Menschen" (2. Petrus 3,3-7).

In den ersten beiden Versen warnt Petrus vor Spöttern, die mit wissenschaftlichen Argumenten das Wort Gottes angreifen und lächerlich machen wollen. Sie lehnen das Wort Gottes, die Bibel, ab. Sie lehnen auch Jesus Christus ab und damit sein Wiederkommen. Als Hauptargument führen sie an, dass seit Beginn der Schöpfung alles unverändert geblieben ist. „Die Menschen vor uns sind verstorben und in Gräber gelegt", so sagen sie, „und nichts hat sich seitdem auf den Friedhöfen verändert. Kein Toter ist auferstanden. Wo ist der allmächtige Gott? Wo ist die Verheißung seiner Ankunft?" – Dass diese scheinbar logischen Argumente in Wirklichkeit ein Trugschluss sind, belegen die Verse 5-7. Den Spöttern bleiben nämlich drei wichtige Tatsachen verborgen:

- Gott ist der Schöpfer, der Himmel und Erde durch *sein Wort* (Psalm 33,9) gemacht hat.
- Die Ereignisse zur Zeit Noahs wurden zunächst durch ein *Wort Gottes* angekündigt, denn Noah hatte „einen göttlichen Ausspruch empfangen" (Hebräer 11,7), woraufhin er die Arche baute. Und tatsächlich war anschließend in seiner Zeit die damalige Welt in den Wassern der Sintflut untergegangen.
- Und das gleiche *Wort Gottes*, das die Schöpfung ins Leben rief und die Sintflut zurzeit Noahs über die

Erde kommen ließ, wird das zukünftige Gericht zur Ausführung bringen. Gott macht unmissverständlich klar, dass seine vorher ausgesprochenen warnenden Worte zur Ausführung gelangen werden. Eine ernste Warnung an uns Menschen.

Petrus benutzt deshalb den alttestamentlichen Bericht über die Sintflut um zwei wichtige Dinge zu erklären:

1. Viele Menschen behaupten, dass sie an den Schöpfungsbericht, den Sündenfall und die Sintflut nicht glauben *können* – doch in Wahrheit *wollen* viele von ihnen nicht daran glauben. Denn wer zugibt, dass es eine Arche und eine Sintflut gab, der bestätigt damit, dass Gott ein heiliger Gott ist, der Sünde richtet. Dann kann man nicht mehr ignorieren, dass die Welt bereits einmal gerichtet worden ist. Und man steht plötzlich selbst mit seinem eigenen Leben vor diesem heiligen Gott.
2. Gleichzeitig beweist Petrus, dass Gott Liebe ist. Er ist nicht nachlässig in Bezug auf das Wiederkommen seines Sohnes auf diese Erde. Sondern Gott hält das Wiederkommen extra zurück, weil er langmütig ist und nicht will, dass irgendein Mensch verloren geht, sondern dass alle zur Buße kommen. Das Gericht Gottes über diese Welt wird kommen – und es wird sehr plötzlich kommen. Dann wird es zu spät sein, „zur Buße zu kommen" (2. Petrus 3,9). Das ist ein ernster Aufruf Gottes an uns Menschen.

Außerdem stellt Petrus das zukünftige weltweite Gericht durch Feuer dem vergangenen Gericht über „die damalige Welt" durch die Wasser der Sintflut gegenüber, wodurch „die damalige Welt" – und eben nicht nur einzelne Gebiete –, „von Wasser überschwemmt, unterging“ (2. Petrus 3,4-7). Die Auswirkungen der Wiederkunft Christi zum Gericht sind global, demnach muss die Sintflut, die hier als Analogie benutzt wird, ebenfalls weltweit gewesen sein.

Auch andere neutestamentliche Schreiber – wie der Schreiber des Hebräerbriefs – weisen auf eine globale Flut hin: „Durch Glauben bereitete Noah, als er einen göttlichen Ausspruch über das, was noch nicht zu sehen war, empfangen hatte, von Furcht bewegt, eine Arche zur Rettung seines Hauses, durch die er die Welt verurteilte und Erbe der Gerechtigkeit wurde, die nach dem Glauben ist“ (Hebräer 11,7).

2.2.10 *Jesus Christus und die Sintflut*

„Denn wie die Tage Noahs waren, so wird die Ankunft des Sohnes des Menschen sein. Denn wie sie in jenen Tagen vor der Flut waren: Sie aßen und tranken, sie heirateten und verheirateten – bis zu dem Tag, als Noah in die Arche ging und sie es nicht erkannten – bis die Flut kam und alle wegraffte, so wird auch die Ankunft des Sohnes des Menschen sein“ (Matthäus 24,37-39; siehe auch Lukas 17,26.27). Der Herr Jesus selbst sprach damals von einer globalen Sintflut und benutzte sie als Vergleich für das zukünftige, weltweite Gericht bei seinem Wiederkommen. In den Tagen vor der Flut dachten die Menschen nur an ihre natürlichen Bedürfnisse und nicht an Gott. Trotz der Warnungen Noahs hatten sie weiter kein Interesse an Gott, bis die Flut kam und sie umbrachte. Ähnlich verhält sich der Mensch heute, und auch heute warnt Jesus Christus die Menschen durch die Botschaft der Bibel vor dem Gericht Gottes. Wie die damalige Sintflut in ihren Ausmaßen wird in der Zukunft ein weltweites Gericht über diese Erde kommen.

2.2.11 *Außerbiblische Hinweise*

Wäre die Sintflut ein ausschließlich lokal begrenztes Ereignis im Nahen Osten gewesen, würde es nicht überraschen, dass neben dem alttestamentlichen Bericht zusätzliche Sintflutsagen der Völker aus diesem Gebiet existieren. Und solche Erzählungen liegen in der Tat vor. Aber das Überraschende ist, dass Kulturen aus *aller* Welt eine Art „Sintflut-Legende" haben. So schreibt Fred Hartmann: „Bereits

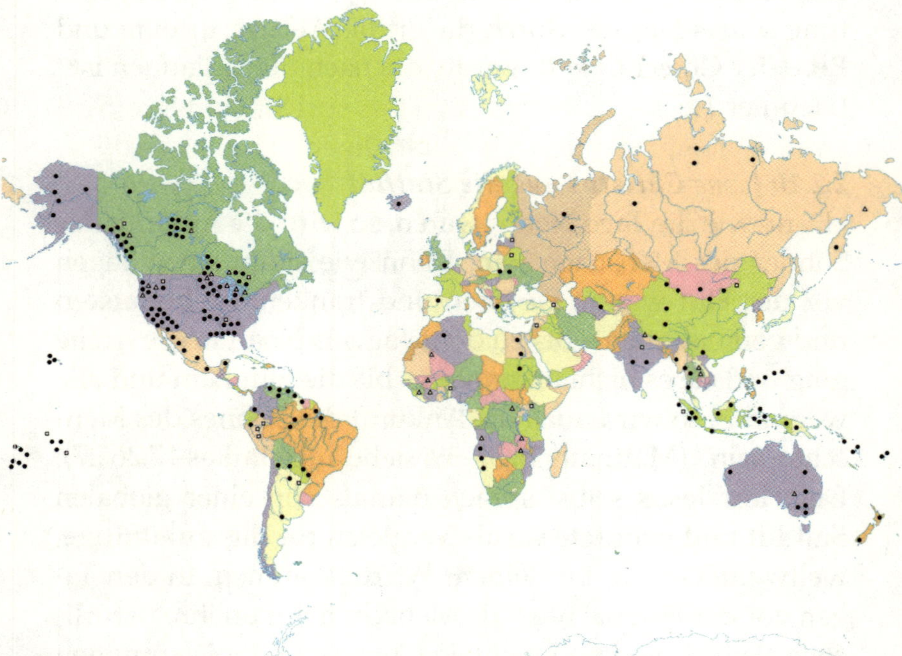

Abb. 5: Weltweit existieren Orte mit Sintfluterzählungen

Erklärungen:

● Ausführlicher Bericht

□ Regenbogensage

△ Andeutung einer Flutsage

1869 hat Lüken und 1925 Riem in großer Zahl Parallelen zum Sintflutbericht zusammengetragen. Riem hat 268 Sintflutberichte, 35 weitere Nachweise und 21 Regenbogensagen aus aller Welt zusammengestellt und ausgewertet. Er kam dabei zum Ergebnis, dass einige der Überlieferungen so viele Parallelen zum biblischen Bericht aufweisen, dass ein unmittelbarer Zusammenhang bestehen muss."[16] Bei einer lokalen Flut würden sich nicht Menschen weltweit an ein solches Ereignis „erinnern".

2.3 Fazit

Die Aussage des biblischen Berichts spricht eindeutig von einer weltumspannenden einmaligen Flutkatastrophe. Von biblischen „Beweisen" für eine lokal begrenzte Flut kann überhaupt nicht die Rede sein. Das Gegenteil ist der Fall: Es muss bewusst in den biblischen Text eingegriffen werden, um eine lokale Flut zu begründen. Naturwissenschaftlich wird die Frage, ob es eine globale Flut oder viele lokale Fluten gab, nicht so eindeutig zu beantworten sein. Denn die naturwissenschaftlichen Daten liefern keine eindeutigen Beweise, sondern müssen interpretiert werden, und dabei gibt es immer „Spielraum". Und niemand von uns war dabei. Doch mehr dazu in den späteren Kapiteln dieses Buches.

---

16 Hartmann, F. (2006): *Turmbau zu Babel.* Hänssler, S. 81. Für die Abbildung: Ebd. S. 84 und Riem, J. (1925): *Die Sintflut in Sage und Wissenschaft,* Hamburg. Karte am Ende des Buchs.

3 Der zeitliche Ablauf der Flut

Wie erwähnt, findet sich ein wichtiger Hinweis für eine globale Flut in ihrer zeitlichen Dauer. Die Sintflut kam nicht plötzlich ohne Vorwarnung. Der Bau der Arche erforderte Jahrzehnte. Und gleichzeitig warnte Noah die Menschen vor dem vor der Tür stehenden Gericht Gottes, weshalb er auch „Prediger der Gerechtigkeit" (2. Petrus 2,5) genannt wurde. Zum Schluss kamen eine Woche lang Tausende von Tieren zur Arche, bis Noah und seine Familie in die Arche gingen und Gott selbst die Tür schloss. Dann erst, sieben Tage nachdem Noah in die Arche gegangen war, kamen in seinem 600. Lebensjahr am 17. Tag des zweiten Monats „die Wasser der Flut über die Erde" (siehe 1. Mose 7,6-11).

3.1 Ein Exkurs

Ist Gott nur ein strenger und harter Gott, wenn er so ein Gericht über die Erde kommen lässt? Oder ist Gott der liebevolle, fürsorgliche Gott, weil er Noah und seine Familie vor dem Gericht schützt. Scheinbar sind das zwei Fragen, die nicht unterschiedlicher sein könnten. Viele mögen die erste Frage, ob Gott ein harter Gott ist, spontan mit „ja" beantworten.

Doch wer das Handeln Gottes verstehen möchte, muss die ganze Bibel zur Hand nehmen. Dort zeigt sich Gott zuerst als *Schöpfer*, der der Ursprung allen Lebens ist. Als Schöpfer muss sich Gott niemandem gegenüber für seine Taten rechtfertigen (Römer 9,20.21) – zumal seine

Geschöpfe die Handlungen des Schöpfers nicht immer verstehen können. So sagt Gott in der Bibel: „Denn meine Gedanken sind nicht eure Gedanken, und eure Wege sind nicht meine Wege, spricht der HERR. Denn wie der Himmel höher ist als die Erde, so sind meine Wege höher als eure Wege und meine Gedanken als eure Gedanken" (Jesaja 55, 8-9).

Gott ist aber auch ein *Retter*. Gott interessiert sich für den Menschen und seine Nöte. Und jeder Mensch darf mit allem, was ihn belastet, zu Gott kommen. Gott wartet auf uns Menschen, deshalb ruft er uns zu: „So demütigt euch nun unter die mächtige Hand Gottes, damit er euch erhöhe zur rechten Zeit, indem ihr all eure Sorge auf ihn werft; denn er ist besorgt für euch" (1. Petrus 5,6.7).

Aber Gott zeigt sich auch als *Richter*. Er tut dem Menschen nicht nur Gutes, indem er ihm bei seinen Problemen zur Seite steht. Er hat dem Menschen auch Regeln und Orientierungshilfe gegeben, die in seinem Wort niedergeschrieben sind. Und eine der wichtigsten Feststellungen in der Bibel findet sich im Römerbrief: „Da ist kein Gerechter, auch nicht einer; da ist keiner, der verständig ist; da ist keiner, der Gott sucht. Alle sind abgewichen, sie sind allesamt untauglich geworden; da ist keiner, der Gutes tut, da ist auch nicht *einer*" (Römer 3,10-12). Scheinbar ist die Situation hoffnungslos, besteht eine unüberwindbare Kluft zwischen Gott und dem Menschen, und auf den ersten Blick steht jeder Mensch unter dem Gericht Gottes. Doch Gott sei Dank gibt es eine Lösung des Problems. Gott sandte seinen Sohn Jesus Christus auf diese Erde, der am Kreuz von Golgatha starb. Und deshalb fährt der Schreiber des Römerbriefs fort, dass alle die Menschen, die an Jesus Christus glauben, „umsonst gerechtfertigt werden durch seine Gnade, durch die Erlösung, die in Christus Jesus ist" (Römer 3,24).

Und so ist bewiesen, dass Gott *Liebe* ist. Und am deutlichsten wird diese Liebe Gottes dadurch, dass Gott für den Menschen alles gab, was er hatte. Genau darin „ist die Liebe Gottes zu uns offenbart worden, dass Gott seinen eingeborenen Sohn in die Welt gesandt hat, damit wir durch ihn leben möchten. Hierin ist die Liebe: nicht dass *wir* Gott geliebt haben, sondern dass *er* uns geliebt und seinen Sohn gesandt hat als Sühnung für unsere Sünden" (1. Johannes 4,9.10). Gott spricht nicht nur davon, dass er den Menschen liebt, sondern beweist es, indem er dem Menschen das Wertvollste gibt, was er hat: seinen Sohn Jesus Christus. Dass Gott Liebe ist, bedeutet demnach nicht, dass Gott „ein Auge zudrückt" und Sünde nicht so schlimm ist. Sünde ist in den Augen Gottes etwas so Schreckliches, dass er strafen muss. Nun gibt es genau zwei Möglichkeiten. Wenn jemand zur Umkehr kommt und Gott seine Sünden bekennt und an Jesus Christus glaubt, dann ist er durch die Gnade Gottes errettet. Kein Gericht erwartet ihn mehr, denn die Strafe für diese Sünden vollstreckte Gott an seinem eigenen Sohn Jesus Christus am Kreuz von Golgatha. Sollte ein Mensch dieses Gnadenangebot ablehnen, wird er einmal die Strafe selbst tragen müssen und kommt in das Gericht Gottes.

Das ist der Grund, warum Noah und seine Familie gerettet wurden – sie glaubten Gott. Während die Menschen, die in der Sintflut umkamen, das Angebot Gottes zur Buße vorher abgelehnt hatten.

Diesen Gott kann jeder Mensch kennenlernen und entdecken, dass er Realität ist. So heißt es: „Wir bitten an Christi statt: Lasst euch versöhnen mit Gott!" (2. Korinther 5,20), und in Hebräer 3,7 wird warnend hinzugefügt: „Heute, wenn ihr seine Stimme hört, verhärtet eure Herzen nicht". Die Zeit der Gnade wird einmal zu Ende sein.

Wie in den Tagen Noahs, als Noah die Menschen 120 Jahre lang vor dem kommenden Gericht warnte.

3.2 Die Zeitabschnitte der Sintflut

Die folgende Tabelle gibt die Ereignisse mit ihrer Dauer während der Sintflut detailliert wieder[17]:

	Ereignisse vor der Sintflut	**Datum**	**Zeit**
	Noah baute die Arche und kündigte den Menschen das Gericht Gottes an.		120 Jahre
	Nach Fertigstellung der Arche kamen die Tiere innerhalb von sieben Tagen zur Arche (1. Mose 7,6-10)		7 Tage

	Ereignisse während der Sintflut	**Datum**	**Zeit [Tage]**
I	Nachdem Noah und seine Familie mit den Tieren in der Arche sind, schließt Gott die Tür. Es regnet 40 Tage und Wasser strömt aus den Quellen der Tiefe auf den Erdboden (1. Mose 7,11.12.17).	Beginn: 17. Tag des 2. Monats	40
II	Das Wasser steht weitere 110 Tage über der gesamten Erde. So ergibt sich die Zahl 150 in 1. Mose 7,24. Ob die Wasserhöhe in dieser Zeit weiter anstieg, konstant blieb oder sogar leicht abnahm, ist dem biblischen Bericht nicht eindeutig zu entnehmen. Jedenfalls saß die Arche nach Ablauf dieser Zeit auf dem Gebirge Ararat fest.		110

17 Unter der Voraussetzung, dass die Monatslänge 30 Tage beträgt.

	Ereignisse während der Sintflut	Datum	Zeit [Tage]
III	Innerhalb von 74 Tagen sinkt das Wasser stetig, bis die ersten Bergspitzen zu sehen sind (1. Mose 8,4.5).	17. Tag des 7. Monats bis 1. Tag des 10. Monats	74
IV	Die Wasser sinken weiter. Nach 40 Tagen lässt Noah einen Raben fliegen, der nicht mehr zurückkommt (1. Mose 8,6.7).		40
V	Nach 7 Tagen lässt Noah eine Taube fliegen. Sie kehrt zurück (1. Mose 8,8.9).		7
VI	Nach 7 Tagen lässt Noah die Taube zum zweiten Mal fliegen. Sie kehrt mit einem Olivenzweig im Schnabel zurück (1. Mose 8,10.11).		7
VII	Noah lässt die Taube ein drittes Mal fliegen. Sie kehrt nicht mehr zurück (1. Mose 8,12).		7
VIII	Das nächste Ereignis (Noah öffnet das Dach der Arche; 1. Mose 8,13) wird mit einem Datum angegeben: 1. Tag des 1. Monats im Jahr 601. Das sind 3 Monate (also 90 Tage) nach dem Ereignis am 1. Tag des 10. Monats im Jahr 600.[18]	1.Tag des 1. Monats im Jahr 601	29
IX	Am 27. Tag des 2. Monats war die Erde wieder trocken und begehbar (1. Mose 8,14).	27.Tag des 2. Monats im Jahr 601	57
	Gesamtdauer der Flut		371

[18] Die 29 Tage ergeben sich, indem von den 90 Tagen die Zeit der Ereignisse IV bis VII abgezogen wird. Also 90–40–(3·7) = 29 Tage.

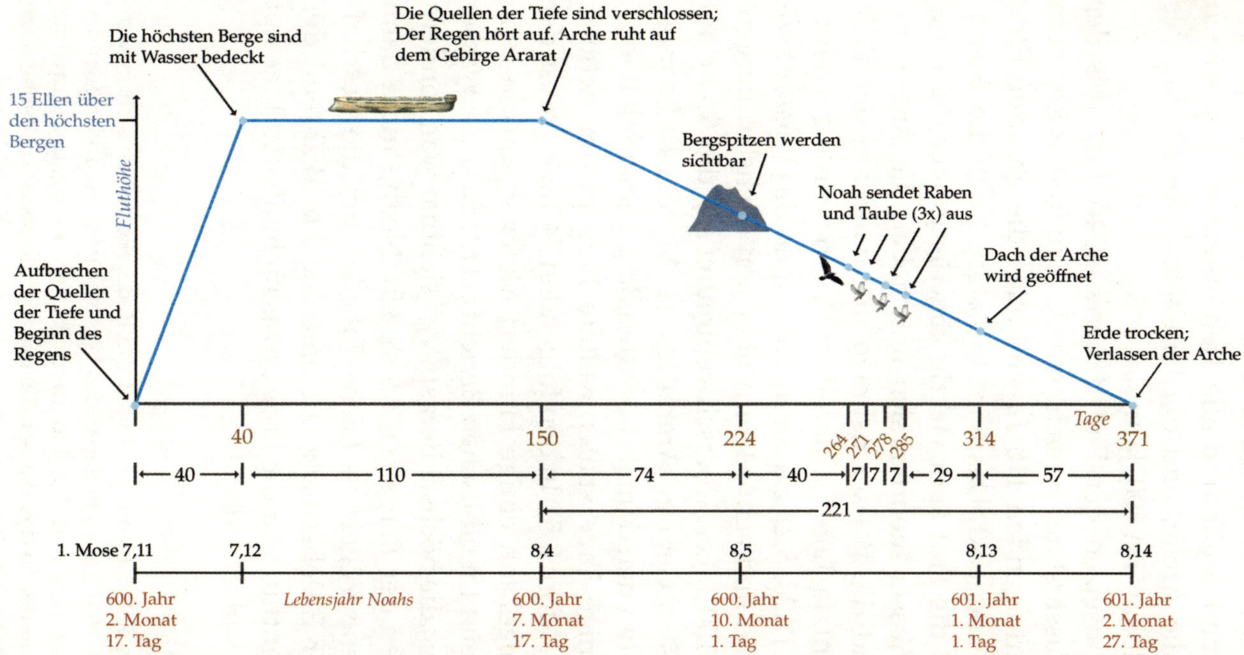

Abb. 6: Der Ablauf der Sintflut mit den wichtigsten Eckdaten und Bibelstellen. Als Grundlage dient der biblische Bericht. Die Kurven sind idealisiert. Anders ausgedrückt: Niemand weiß, ob die Fluthöhe linear (in einem geraden Verlauf) anstieg, ob der Wasserstand während der 110 Tage unverändert blieb und in welcher Geschwindigkeit die Wasser wieder sanken. Abbildung nach Gitt, W. (2010): *Das sonderbarste Schiff der Weltgeschichte*, Riehen, S. 17.

Noah baute etwa 120 Jahre an der Arche. Dann gingen er und seine Familie und alle Tiere innerhalb von sieben Tagen in die Arche, und die Flut setzte am 17. Tag des zweiten Monats im 600. Jahr ein.

Nach Einsetzen der Flut dauerte es 40 Tage, bis der höchste Wasserstand erreicht wurde. Durch den Regen in den darauffolgenden 110 Tagen[19] blieb die gesamte Erde mit Wasser bedeckt. Das wird bestätigt durch die Aussagen: „Und die Flut kam vierzig Tage lang über die Erde. Und die Wasser mehrten sich und hoben die Arche empor ... Und die Wasser nahmen überhand auf der Erde hundertfünfzig Tage. ... und dem Regen wurde gewehrt" (1. Mose 7,17.24; 8,2). Zu dieser Zeit stand das Wasser zwischen sieben und acht Metern über den höchsten Bergen. Nach den 150 Tagen Überschwemmung saß die Arche auf dem höchsten Gebirge Ararat fest (1. Mose 8,4). Es muss sich dabei um den damals höchsten Berg gehandelt haben, da erst einige Tage später weitere Bergspitzen sichtbar wurden (1. Mose 8,5). In den folgenden 74 Tagen muss der Wasserspiegel um einige Hundert Meter gesunken sein. Denn es heißt im biblischen Bericht nicht, dass die Wasser sanken, bis „die höchste Bergspitze" sichtbar war, sondern „die Spitzen der Berge" (1. Mose 8,5). Noah sandte dann verschiedene Vögel aus (siehe Tabelle), um die Beschaffenheit der Erdoberfläche zu untersuchen. Während der 371 Tage Sintflut war die Erde etwas mehr als 110 Tage mit Wasser komplett bedeckt.

---

[19] In 1. Mose 7,24 ist von 150 Tagen die Rede. Sie setzen sich zusammen aus den 40 Tagen, in denen das Wasser durch die aufbrechenden Quellen der Tiefe und den andauernden Regen stieg, und durch die 110 Tage, an denen das Wasser die ganze Erde bedeckte. Siehe dazu Punkt II in der Tabelle.

4 Die Flut

4.1 Woher kam das Wasser?

Die Herkunft des Wassers ist in dem biblischen Bericht erstaunlich knapp gehalten: „An diesem Tag brachen auf *alle Quellen der großen Tiefe*, und *die Fenster des Himmels* öffneten sich" (1. Mose 7,11). Das die Erde bedeckende Wasser kam demnach aus zwei Quellen: aus den Tiefen der Erde und in Form von Regen. Die „Quellen der großen Tiefe" werden zuerst erwähnt, vielleicht weil das Aufbrechen dieser Quellen zeitlich zuerst stattfand oder – und das ist wahrscheinlicher – weil das meiste Wasser aus der Tiefe kam, während der Regen nur einen kleineren Teil der Wassermenge ausmachte.

4.1.1 Die Quellen der Tiefe

Der vorangestellte Ausdruck „Quellen der großen Tiefe" soll zuerst untersucht werden. Er kommt in der Heiligen Schrift nur in dieser Stelle vor; abgewandelt aber noch in wenigen weiteren Abschnitten:

So heißt es in 1. Mose 8,2 am Ende der Sintflut: „Und die Quellen der Tiefe und die Fenster des Himmels wurden verschlossen". Der Ausdruck „Quellen der Tiefe" bezieht sich demnach auf die gleichen Wasserreservoirs wie „Quellen der großen Tiefe".[20] Auch in Sprüche 8,28 findet sich dieser Ausdruck: „... als er die Wolken droben befestigte, als er Festigkeit gab den Quellen der Tiefe". Allerdings steht dort

[20] Vielleicht hatte sich am Ende der Sintflut das Aussehen der Erde schon etwas verändert, sodass Gott auf das Wort „groß" am Ende der Sintflut verzichtete.

für „Quelle" im Hebräischen ein etwas anderes Wort.[21] In Jesaja 51,10 heißt es „die Wasser der großen Flut (Tiefe)[22]", mit dem die großen Ozeane, „das Meer", beschrieben werden. Mehrmals tritt im Alten Testament die Formulierung „die Tiefe" auf. Fast immer bezieht sich auch dieser Ausdruck auf die Ozeane, aber wenigstens einmal auf große unterirdische Wasservorkommen: „Ich verhüllte seinetwegen die Tiefe und hielt ihre Ströme zurück, und die großen Wasser wurden gehemmt" (Hesekiel 31,15). Bei den „Quellen der großen Tiefe" wird es sich deshalb wohl um gewaltige unterirdische Wassermassen in Ozeangröße gehandelt haben müssen. Vielleicht entstanden sie, als Gott am dritten Schöpfungstag das Festland aus dem die Erde bedeckenden Urozean hervorhob (vgl. 1. Mose 1,9.10).

Durch plötzlich entstandene Spalten oder Risse im Meeresboden oder im Festland wurde dieses Wasser zu Beginn der Sintflut freigesetzt und flutete innerhalb von 40 Tagen die Erde. Das hebräische Wort *baqa* („aufbrechen") in 1. Mose 7,11 („an diesem Tag brachen auf alle Quellen der großen Tiefe") wird an vielen Stellen mit „spalten" bzw. „zerreißen" übersetzt und beinhaltet ein katastrophisches Aufbrechen: „Er bindet die Wasser in seine Wolken, und das Gewölk zerreißt nicht unter ihnen" (Hiob 26,8).[23] Wo-

---

[21] Dort steht hebr. *ajin*, was eigentlich „Auge" bedeutet, manchmal aber mit „Quelle" übersetzt wird (1. Mose 24,16.29.30.42; 49,22; 5. Mose 33,28; 1. Samuel 29,1; 2. Chronika 32,3). An den anderen Stellen wird das hebräische Wort *majan* („Brunnen, Quelle") verwendet.

[22] Hebräisch *maamak* wird sonst mit Tiefe übersetzt (Psalm 69,3; 130,1; Hesekiel 24,34).

[23] Es liegt auf der Hand, dass „zerreißen" hier schon fast so viel wie „aufplatzen" bedeutet, ein katastrophischer Prozess plötzlicher Energiefreisetzung.

möglich wurden durch dieses Aufbrechen die Bewegung der Kontinentalplatten (bzw. von Teilen der Erdkruste) und weitere geologische Abläufe ausgelöst. Vielleicht war es aber genau umgekehrt, und durch die Kontinentalplattenbewegung rissen die Quellen der Tiefe auf. Die Bibel berichtet uns nicht, was genau abgelaufen ist und wie Gott diese Prozesse angestoßen hat, doch wir dürfen versuchen, diese Dinge im Licht der Bibel naturwissenschaftlich zu erforschen. Gott fordert uns sogar dazu auf, naturwissenschaftliche Forschung zu betreiben: „Groß sind die Taten des HERRN, sie werden erforscht von allen, die Gefallen an ihnen haben“ (Psalm 111,2).

Abb. 7: Das nacheiszeitliche Grabensystem in Thingvellir (Island; N64°15.345', W21°7.695'; 20.7.2014

4.1.2 Die Fenster des Himmels

Zur Untersuchung der zweiten Wasserquelle müssen wir an den Anfang der Schöpfungswoche zurückgehen. Zum zweiten Schöpfungstag heißt es: „Und Gott sprach: Es werde eine Ausdehnung inmitten der Wasser, und sie scheide die Wasser von den Wassern! Und Gott machte die Ausdehnung und schied die Wasser, die unterhalb der Ausdehnung, von den Wassern, die oberhalb der Ausdehnung sind. Und es wurde so. Und Gott nannte die Ausdehnung Himmel" (1. Mose 1,6-8). Diese Verse beschreiben ein im Vergleich zu heute ganz anderes Aussehen der vorsintflutlichen Erde. Zum einen gab es Wasser auf der Erde, nämlich unter dem Himmel; das sind die Weltmeere. Zum anderen gab es aber auch Wasser oberhalb des Himmels. Aber wo wurde diese Wassermenge gesammelt? Regenwolken – wie wir sie heutzutage kennen – können damit wohl schlecht gemeint sein. Die globale Wasserbilanz setzt sich derzeit wie folgt zusammen: 97,4 % der Wassermenge befindet sich in den Ozeanen (1.348 Billiarden m^3) und 2,6 % finden sich an Land in Flüssen und Seen (36,1 Billiarden m^3). Das Wasser in der Atmosphäre macht lediglich 0,001 % (0,013 Billiarden m^3) der gesamten Wassermenge auf der Erde aus und nur 0,3 % dieses atmosphärischen Wassers sind in Wolken gesammelt. Das entspricht etwa 40 Milliarden Kubikmeter, also 40 Billionen Litern.[24] Diese Wassermenge reicht auf keinen Fall aus, um die ganze Erde unter Wasser zu setzen.[25]

Vielleicht ist unter den *Fenstern des Himmels* ein Wasser(dampf)gürtel oder eine Wasser(dampf)hülle zu verste-

---

[24] Baumgartner, A., Reichel, E. (1975): *Die Weltwasserbilanz. Niederschlag, Verdunstung und Abfluß über Land und Meer sowie auf der Erde im Jahresdurchschnitt*, Elsevier Scientific Pub. Company.

[25] Um die gesamte heutige Erde 3.000 m unter Wasser zu setzen, sind – im Vergleich zur damaligen Welt mit ihren weniger hohen Bergen – ungefähr 1.000 Billiarden m^3 Wasser nötig. Auf der gesamten Erde befinden sich heute etwa 1.400 Billiarden m^3 Wasser. Die Wassermenge in der heutigen Atmosphäre von ca. 13 Billionen m^3 reicht demnach *nicht* aus.

hen, der sich um die Erde zog und während der Sintflut 150 Tage lang abregnete. So bedeutet hebr. *mabul* – in 1. Mose 7 mit „Flut" übersetzt – eigentlich „Himmelsozean". Für Regen bzw. Wolken werden ganz andere hebräische Wörter benutzt.

Einen Wassergürtel könnte man sich ähnlich vorstellen wie die Ringe beim Saturn, die allerdings im Wesentlichen aus Eis-, aber auch aus Gesteinsbrocken bestehen. Eine Wasserhülle würde, wie es der Begriff sagt, die ganze Erde mit Wasser(dampf) umhüllen und für ein gleichmäßiges Klima mit Treibhauseffekt sorgen.[26] Durch diesen Wasserdampfgürtel könnte die schädliche kosmische Strahlung stärker absorbiert worden sein. Damit ließe sich auch erklä-

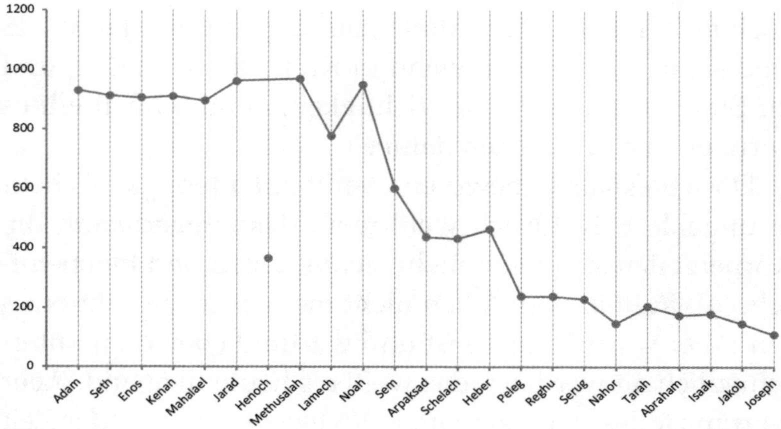

Abb. 8: Das Lebensalter der Menschen von Adam bis Joseph. Henoch wurde entrückt, deshalb ist sein Lebensalter vergleichsweise gering.

[26] Allerdings kann diese Hülle nicht zu mächtig gewesen sein, da sich sonst die Erde zu stark aufgewärmt hätte: Rush, D.E. und Vardiman, L. (1990): *Pre-Flood Vapor Canopy Radiative Temperature Profiles*, Proc. Second ICC, Pittsburgh, S. 231–245; Vardiman, L. und Bousselot, K. (1998): *Sensitivity Studies on Vapor Canopy Temperature Profiles*, Proc. Fourth ICC, S. 607–618.

ren, warum das Klima vor der Sintflut überall auf der Erde ähnlich gewesen ist und die Menschen viel älter wurden, als das heute der Fall ist. So war Methusalah mit 969 Jahren der älteste Mensch (1. Mose 5), und erst nach der Flut heißt es in 1. Mose 8,22: „Fortan, alle Tage der Erde, sollen nicht aufhören Saat und Ernte, Frost und Hitze, Sommer und Winter, Tag und Nacht." Trägt man das Lebensalter der Menschheit von Adam bis Joseph in ein Diagramm ein (Abb. 8), erhält man ein interessantes Ergebnis. Vor der Sintflut lag das Durchschnittsalter bei etwa 912 Jahren. Henoch wurde entrückt (1. Mose 5,24), deshalb ist sein Lebensalter mit 365 Jahren vergleichsweise niedrig. Nach der Sintflut nimmt das Alter bis zu einem Grenzwert von ungefähr 75 Jahren exponentiell ab.[27] Dieses Lebensalter wird auch in Psalm 90,10 erwähnt: „Die Tage unserer Jahre – es sind siebzig Jahre, und wenn in Kraft, achtzig Jahre, und ihr Stolz ist Mühsal und Nichtigkeit, denn schnell eilt es vorüber, und wir fliegen dahin."

Doch weshalb Lebewesen überhaupt altern, ist bis heute ungeklärt. Natürlich weiß man, dass irgendwann die Körperzellen sich nicht mehr richtig teilen und biochemische Abläufe in den Zellen nicht mehr richtig funktionieren. Aber warum das so ist und warum Lebewesen unterschiedlich alt werden – das weiß bis heute niemand. Aber warum ist das so eingerichtet? Vielleicht gab es in der Zeit vor der Sintflut und besonders vor dem Sündenfall ein anderes Altersprogramm in den Zellen? Niemand kann das wirklich ausschließen. Biologisch gesehen dürfte es keinen zwingenden Grund geben, dass der Mensch nicht annähernd tausend Jahre alt werden konnte, wie die Bibel es

---

[27] Siehe dazu: Gitt, W. (2000): *Das biblische Zeugnis der Schöpfung*, Holzgerlingen, S. 116-117.

bezeugt. Weshalb aber die Menschen vor der Sintflut so alt wurden, ist unbekannt. Alle Vorschläge dazu sind nicht überprüfbar und damit nur spekulativ.

Petrus greift in seinem zweiten Brief ein vorsintflutliches Aussehen der Erde auf und nennt den Himmel nach der Sintflut den „jetzigen Himmel“ und die Welt vor der Sintflut „die damalige Welt“ (2. Petrus 3,6.7). Scheinbar gab es Unterschiede zur heutigen Welt und zum heutigen Himmel. Und wie genau die damalige Welt und die Welt vor dem Sündenfall aussah, ist uns nicht mehr zugänglich. In der Bibel werden dazu fast keine Angaben gemacht und sie schweigt auch darüber, ob der Sündenfall nicht sogar weitreichende Folgen für das gesamte Universum hatte. Im letzten Buch der Bibel, dem Buch der Offenbarung, wird beschrieben, dass die letzte Zeit mit gewaltigen kosmischen Ereignissen einhergeht. Da die Bibel auf manche Entsprechungen zwischen Urzeit und Endzeit hinweist, kann das – in aller Vorsicht – vielleicht ein Hinweis darauf sein, dass auch der Sündenfall und die Sintflut kosmische Folgen nach sich zogen und damit andere physikalische Rahmenbedingungen vorlagen. Vielleicht setzen die Einschnitte Sündenfall und Sintflut unüberwindbare Grenzen, die Ursprünge zu enträtseln. Wir können heute nicht endgültig klären, wie es gewesen ist. Das ist auch gar nicht nötig. Es reicht, wenn lediglich ein plausibler Mechanismus beschrieben werden kann, der zeigt, wie es gewesen sein könnte. Gott hat uns dort noch viel Freiraum für Forschung hinterlassen.

Natürlich existieren verschiedene naturwissenschaftliche Erklärungen, auf welche Weise das Wasser bis zur Sintflut oberhalb der Erde in der Atmosphäre gehalten wurde und wodurch es dann plötzlich auf die Erde herabfiel. Doch diese Erklärungen sind nur Vermutungen. Wir wissen nicht – wie oben beschrieben –, wie es gewesen ist. Die Bibel sagt einfach, dass Gott handelte. Wunder lassen sich in der Regel eben nicht naturwissenschaftlich erklären.[28]

Eine andere Möglichkeit besteht darin, dass das Wasser in den Himmeln durch die Kontinentalplattenverschiebung entstand. Ein katastrophisches Auseinanderbrechen und -driften der Kontinentalplatten ist gepaart mit starken Vulkanausbrüchen an Land und besonders unter Wasser. Gerade Letztere hätten extrem heißen Dampf aus Wasser in die Atmosphäre geblasen, der nach dem Abkühlen weltweit abgeregnet wäre.

Für viele Theologen sind diese Probleme schnell gelöst. Sie sehen in dem Ausdruck „alle Quellen der großen Tiefe, und die Fenster des Himmels" eine Beschreibung des antiken babylonischen Weltbilds, in dem die Erde als Scheibe dargestellt wird. Unter ihr liegt ein riesiges Meer und über ihr befindet sich käseglockenartig der Himmel mit dem Himmelsozean. Dieses Weltbild gibt der biblische Text jedoch nicht her. Zum einen wird die Erde in der Bibel eindeutig als Kugel[29] beschrieben, zum anderen ist im ersten Buch Mose nicht die Rede von etwas „Festem", sondern

---

[28] Die Formel „Wunder ≠ Naturwissenschaft" ist so sicher zu einfach. Natürlich werden in der Bibel Wunder erwähnt, die sich nicht naturwissenschaftlich erklären lassen, zum Beispiel die Entstehung des Lebens, Totenauferweckung, Himmelfahrt – um nur einige zu nennen. Für den von David geschleuderten Stein, der Goliath tötete, gilt das so einfach nicht. Seine Flugbahn lässt sich nämlich physikalisch beschreiben. Darin liegt auch nicht das Wunder, sondern dass David genau zum richtigen Zeitpunkt an der richtigen Stelle traf. Das war eben kein Zufall, sondern das Wunderwirken Gottes.

[29] Jesaja 40,22: „Er ist es, der da thront über dem Kreis der Erde ...": Hebr. *chug* [Kreis] bedeutet so viel wie „Kugel" und nicht „flache Scheibe".

lediglich von einer Ausdehnung einer nicht greifbaren Abgrenzung. So heißt es in 1. Mose 1,7 *nicht*: „Und Gott machte die Feste und schied die Wasser, die unterhalb der Feste, von den Wassern, die oberhalb der Feste sind", wie in einigen Bibeln wiedergegeben[30], sondern richtiger übersetzt: „Und Gott machte die Ausdehnung und schied die Wasser, die unterhalb der Ausdehnung, von den Wassern, die oberhalb der Ausdehnung sind."

4.2 Die Kontinentaldrift

Nach 1. Mose 1 besaß die Erde vor der Sintflut ganz sicher ein völlig anderes Aussehen als heute: „Und Gott sprach: Es sammeln sich die Wasser unterhalb des Himmels an *einen* Ort, und es werde sichtbar das Trockene!" (1. Mose 1,9). Dabei steht der Begriff „das Trockene" im Singular und beschreibt damit einen zusammenhängenden Kontinent. Und die Indizien für einen „Urkontinent" sind eindeutig: Ein Blick auf einen Globus reicht aus, um zu erkennen, dass Südamerika fast perfekt an die Westküste Afrikas passt. Auch die anderen Landmassen lassen sich leicht zu einem Urkontinent zusammenpuzzeln. Und wie geologische Untersuchungen zeigen, sind die Gesteinsschichten und Fossiltypen an den aneinanderpassenden Küsten gleich. Und zu guter Letzt spricht wie oben erwähnt die Bibel von *einer* festen Landmasse in der Schöpfungswoche, von der heute jedoch nichts mehr zu sehen ist. Die hohen Faltengebirge wie Himalaya, Anden und Alpen existierten vor der Sintflut gar nicht. Sie entstanden erst, als die ausei-

[30] So in der „Lutherbibel" (1984). „Hoffnung für alle" und „NeÜ" benutzen den Ausdruck „Gewölbe", der aber auch mehr eine feste Decke impliziert.

nandergebrochenen Kontinentalplatten an anderen Stellen aneinanderstießen. So finden sich zum Beispiel in den Alpen an senkrecht stehenden Felswänden versteinerte Dinosaurierfußspuren. Dieses Gebirge kann demnach erst während oder nach der Zeit der Dinosaurier aufgefaltet worden sein.

Abb. 9: Dinosaurierspuren an senkrechten Felswänden in den Alpen, Schweiz.

Auslöser für das Auseinanderbrechen des Superkontinents könnten die mächtigen Wassermassen der Sintflut gewesen sein. Die sogenannte Kontinentaldrift setzte ein, und die Landmassen trennten sich, vielleicht zur Zeit Pelegs, völlig. So sagt der biblische Bericht: „Und Heber wurden zwei Söhne geboren: Der Name des einen war Peleg, denn in seinen Tagen wurde die Erde geteilt" (1. Mose 10,25). Es ist schwierig, diese Bibelstelle lediglich auf das Verteilen der Völker auf der Erde zu beziehen. Der Textzusammenhang könnte das nahelegen, aber 1. Mose 10 und 11 sind nicht in chronologischer Reihenfolge geschrieben, denn in 1. Mose 10 heißt es dreimal „nach ihrer Sprache" bzw. „nach ihren Sprachen" (V. 5, 20, 31). Doch die Sprachverwirrung wird erst in 1. Mose 11 beschrieben. Vor der babylonischen

Sprachverwirrung besaßen die Menschen noch eine einheitliche Sprache. Demnach muss Kapitel 10 zeitlich nach Kapitel 11 stattgefunden haben. Die babylonische Sprachverwirrung fand demnach spätestens in den Tagen Nimrods statt und damit in der dritten Generation nach Noah. Peleg lebte dagegen viel später. In 1. Mose 10,5.32 ist zwar jeweils die Rede von der Verteilung der Völker – „Von diesen aus verteilten sich die Bewohner der Inseln der Nationen in ihren Ländern, jede nach ihrer Sprache, nach ihren Familien, in ihren Nationen" und „das sind die Familien der Söhne Noahs nach ihren Geschlechtern, in ihren Nationen; und von diesen aus haben sich nach der Flut die Nationen auf der Erde verteilt" –, doch dort wird ein anderes hebräisches Wort (*parad*) benutzt. Das hebräische Wort *palag* in 1. Mose 10,25 bedeutet, dass etwas *zer*teilt und nicht *ver*teilt wird. So zum Beispiel auch in Hiob 38,25 (dort mit „abteilen" übersetzt), wo es sich eindeutig um das Spalten von Landmassen handelt. Hebräisch *parad* beschreibt dagegen das Trennen oder Verteilen von Völkern bzw. einzelnen Personen. So sprach Abraham zu Lot: „Ist nicht das ganze Land vor dir? Trenne (hebr. *parad*) dich doch von mir! Willst du zur Linken, so will ich mich zur Rechten wenden, und willst du zur Rechten, so will ich mich zur Linken wenden" (1. Mose 13,9).

Doch zurück zur Kontinentalverschiebung. Die Erde ist ein aktiver Planet. Das ist nicht nur an Vulkanausbrüchen, Erdbeben und Gebirgsbildung zu beobachten, sondern auch daran, dass der obere Teil des äußeren Erdmantels[31] aus mehreren nur wenige Hundert Kilometer dicken Platten besteht. Diese sieben Großplatten sind: Afrika, Eurasi-

---

[31] Dieser äußerste Teil des Erdmantels und die darüberliegende Erdkruste bilden die Lithosphäre.

en, Nordamerika, Südamerika, die indoaustralische Platte, die Antarktis sowie die pazifische Platte. Sie verschieben sich auf der darunterliegenden dickflüssigen Schicht des Erdmantels. Einige Platten, zum Beispiel die indische und die eurasische, bewegen sich aufeinander zu. Dabei taucht eine Platte unter die andere (siehe Abb. 10b). Mächtige Reibungskräfte führen zu Erdbeben und Vulkanismus. Andere Platten, wie die nordamerikanische und eurasische, entfernen sich voneinander. Wenn sich diese Platten bewegen, wandern natürlich ihre sichtbaren Landflächen, die Kontinente, mit. Man spricht von Kontinentaldrift. Sie ausschließlich in der Lebenszeit Pelegs ablaufen zu lassen, führt nach dem augenblicklichen Kenntnisstand zu großen geologischen Problemen. Vielleicht erreichte die durch die Sintflut ausgelöste Kontinentaldrift zur Zeit Pelegs ihren Höhepunkt. Es ist bemerkenswert, dass die Plattentektonik anscheinend nur auf der Erde zu beobachten ist und nicht auf unseren Nachbarplaneten.[32]

---

[32] „Nach dem bisherigen Stand der Forschung scheint der Mechanismus der Plattentektonik nur auf der Erde wirksam zu sein. Das ist für den kleinen Planeten Merkur und für die großen Monde der Gasplaneten und den Erdmond noch plausibel. Die Lithosphäre dieser relativ zur Erde viel kleineren Himmelskörper ist im Verhältnis zu mächtig, um in Form von Platten mobil sein zu können. Allerdings zeigt die Kruste des Jupitermondes Ganymed Ansätze einer zum Erliegen gekommenen Plattentektonik. Bei der fast erdgroßen Venus ist wiederum schwer zu verstehen, warum eine Plattentektonik trotz starkem Vulkanismus nicht in Gang gekommen sein dürfte. Eine erhebliche Rolle könnte dabei das nur auf der Erde vorkommende freie Wasser spielen. Offensichtlich dient es hier bis hinab auf die Kristallgitterebene als reibungsminderndes ‚Schmiermittel'" (http://de.wikipedia.org/wiki/Plattentektonik [28.2.2014]). Dort werden auch ungelöste Probleme angesprochen.

GPS-Messungen ergeben, dass die Driftgeschwindigkeiten der großen sieben Platten heute zwischen zwei und 20 Zentimeter pro Jahr liegen.[33] Und so meinen viele Geologen, dass sich diese Driftgeschwindigkeit im Lauf der Erdgeschichte nicht verändert hat. Diese Geschwindigkeit passt zu den 20 Kubikkilometern unterseeische Lava, aus der heutzutage jedes Jahr neue ozeanische Kruste entsteht, die von der nachströmenden Lava weggedrückt wird. Die Folge ist, dass sich die Platten bewegen.[34] Einige der in der Lava enthaltenen Mineralien werden durch das Erdmagnetfeld magnetisiert. Kühlt die Lava ab, entsteht ein „eingefrorenes" Magnetfeldmuster. Da das Erdmagnetfeld seine Richtung in der Geschichte der Erde mehrmals verändert hat, muss das aufgezeichnete Magnetfeldmuster zebraartig aussehen (Abb. 10a).

Ein solches Muster konnte einerseits zwar bestätigt werden, doch Bohrkerne aus diesen Schichten zeigen zusätzlich ein überlagertes unregelmäßiges Muster, das entsteht, wenn Mineralien sehr schnell abkühlen; das würde bedeuten, dass der Gesamtprozess sehr schnell abgelaufen wäre. Es gibt demnach Beobachtungen, die mit einer un-

---

33 So entfernen sich „Afrika" und „Amerika" heute mit etwa 2 cm pro Jahr voneinander. Bei immer konstanter Geschwindigkeit müssten beide Kontinente vor 60 Millionen Jahren eine Einheit gebildet haben. Es kann aber auch ohne Weiteres möglich gewesen sein, dass die Driftgeschwindigkeit früher größer war als heute. Damit könnte auch eine viel stärkere Vulkanaktivität erklärbar sein, wie sie in einigen geologischen Schichten beobachtbar ist.

34 Unter der Annahme, dass unser Planet nicht größer wird, muss deshalb für jedes Stück neue ozeanische Kruste ein Stück alte Kruste „verschwinden", das heißt wieder flüssig werden. Das wird in entsprechenden Modellen mit Subduktionsprozessen (Abtauchen von tektonischen Platten) diskutiert.

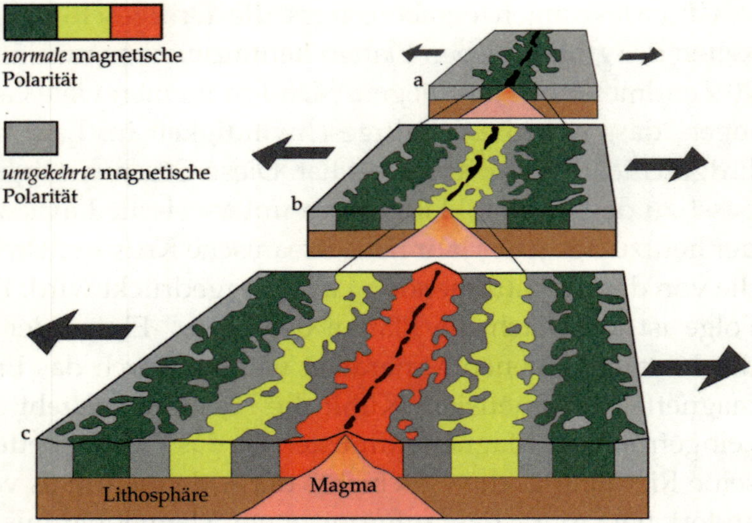

Abb. 10a: Das nicht ganz regelmäßige magnetische Streifenmuster (Zebramuster) der ozeanischen Kruste zu verschiedenen Zeiten der Erdgeschichte (*c:* heute, *b:* älter, *a:* viel älter) infolge wiederholter Umkehr des erdmagnetischen Feldes.

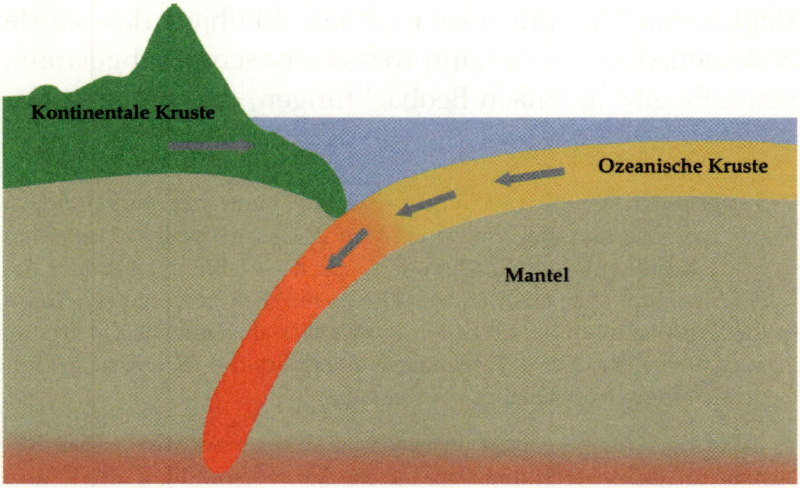

Abb. 10b: Stark vereinfachte Darstellung einer Subduktion. Taucht die ozeanische Kruste sehr schnell in den Mantel ein, verflüssigt sie sich und der Reibungswiderstand verringert sich stark.

veränderlich langsamen Driftgeschwindigkeit *nicht* in Einklang zu bringen sind. Deshalb kann die Driftrate früher viel größer gewesen sein. Arbeiten von Steve Austin[35] und Simulationsrechnungen von John Baumgardner[36] zeigen, dass bei katastrophischem (d. h. sehr schnellem) Herabsinken ozeanischer Kruste in den Mantel an der Eintauchstelle eine extrem hohe Temperatur entsteht. Dadurch wird der Reibungswiderstand verringert, das Mantelmaterial flüssiger. Das hat zur Folge, dass die Platte noch schneller abtaucht und Strömungsprozesse angetrieben werden.[37]

4.3 Wohin lief das Wasser?

Diese Frage ist nicht endgültig zu beantworten. Der Bibeltext dazu ist sehr kurz, allgemein gehalten und spricht lediglich davon, dass „Gott einen Wind über die Erde fahren ließ, und die Wasser sanken. Und die Quellen der Tiefe und die Fenster des Himmels wurden verschlossen, und dem Regen vom Himmel wurde gewehrt. Und die Wasser wichen von der Erde, fortwährend weichend. Und die Wasser nahmen ab nach Verlauf von hundertfünfzig Tagen"

[35] Austin, S. et al. (1994): *Catastrophic plate tectonics; a global Flood model of earth history* in Welsh, R. E. (Ed.) *Proceedings of the Third International Conference on Creationism*. Creation Science Fellowship, Pittsburgh, Pennsylvania, S. 609–621.

[36] Baumgardner, J. (2003): *The Physics behind the Flood* in *Proceedings of the Fifth International Conference on Creationism*, S. 113–136.

[37] Eine ausführliche Behandlung zu diesem Thema findet sich auf den Homepages http://www.christiananswers.net/q-aig/aig-c001.html [8.4.2013] und http://www.answersingenesis.org/articles/am/v2/n2/a-catastrophic-breakup [8.4.2013] und in einem Artikel von Bread, J. in: Beard, J. (1993): *How a Supercontinent Went to Pieces.* New Scientist, January 16, 137:19.

(1. Mose 8,1-3). Gott stoppte den Wasserzulauf und sorgte dafür, dass das Wasser abfloss – vielleicht in die durch die Kontinentaldrift neu entstandenen Tiefseegräben. Durch stärkere Winde konnte die Erde anschließend getrocknet werden. Die Sintflut hat nicht nur die Mehrheit des pflanzlichen, tierischen und menschlichen Lebens zerstört, sondern veränderte die Erde von *einem* Kontinent mit einem gleichmäßigen tropischen Klima in die *verschiedenen* Kontinente mit ihren heutigen Vegetationszonen.

Der Zustand der Erde nach der Flut war demnach ein ganz anderer als vor der Flut. Die Berge waren vor der Flut nicht so hoch wie heute. Der Ozeanboden liegt im berechneten Durchschnitt etwa 3.800 Meter unter dem Meeresspiegel. Ihm steht eine viel geringere mittlere Höhe von etwa 230 Meter der Kontinente gegenüber. Wären Meeresboden und Festland heutzutage auf demselben Höhenniveau, läge die gesamte Erde ungefähr 2.400 Meter unter Wasser.[38] Es gibt in der Tat genug Wasser, um die gesamte Erde mit Wasser zu bedecken, wie es nach der Aussage der Bibel (1. Mose 1,6) im Anfang war. Es steht demnach außer Frage, dass sich das Wasser der Sintflut in den heutigen Weltmeeren wiederfindet.

Psalm 104 beschreibt in den Versen 6 bis 9 in wenigen, poetischen Worten, was damals abgelaufen sein könnte: „Mit der Tiefe hattest du sie bedeckt wie mit einem Gewand; die Wasser standen über den Bergen. Vor deinem Schelten flohen sie, vor der Stimme deines Donners eilten sie weg – die Berge erhoben sich, es senkten sich die Täler –

---

[38] „There is ten times as much water by volume in the ocean as there is land above sea level. Dump all this land evenly into the sea, and water would cover the entire earth, one and one-half miles deep" (National Geographic, January 1945, S. 105).

an den Ort, den du ihnen festgesetzt hattest. Du hast ihnen eine Grenze gesetzt, die sie nicht überschreiten werden; sie werden nicht zurückkehren, die Erde zu bedecken."

Während der Sintflut hatte Gott die Berge mit Wasser bedeckt und anschließend dafür gesorgt, dass die Wasser wieder abflossen. Danach erhoben sich die Berge, und die Täler sanken. Gott gab dem Wasser eine Grenze, sodass es nie wieder eine weltweite Überschwemmung geben wird. Jesaja bestätigt das, wenn er schreibt: „Denn dies soll mir sein wie die Wasser Noahs, als ich schwor, dass die Wasser Noahs die Erde nicht mehr überfluten sollten; so habe ich geschworen, dass ich nicht mehr über dich ergrimmen und dich nicht mehr schelten werde" (Jesaja 54,9). Ähnliches findet man in Hiob 38,8-11: „Und wer hat das Meer mit Toren verschlossen, als es hervorbrach, hervorkam aus dem Mutterschoß, als ich Gewölk zu seinem Gewand und Wolkendunkel zu seiner Windel machte und ich ihm meine Grenze bestimmte und Riegel und Tore setzte und sprach: Bis hierher sollst du kommen und nicht weiter, und hier sei eine Schranke gesetzt dem Trotz deiner Wellen?"

Nachdem gezeigt werden konnte, dass die Sintflut zweifellos die gesamte Erde bedeckte und mächtige Naturkatastrophen auslöste, wollen wir uns nun dem Thema *Arche* zuwenden.

5 Die Arche

5.1 Angaben im biblischen Bericht

In vielen Abbildungen wird die Arche als ein überfülltes, nussschalenartiges Hausboot dargestellt, aus dem eine Giraffe wegen Höhenproblemen ihren Hals aus einer Dachluke strecken muss. Andere Tiere stehen eng gedrängt nebeneinander oder liegen auf dem Archendach. Noah geht mit einem langen, weißen Bart grübelnd an Deck spazieren und wartet auf das Ende der Flut. Doch wie soll eine solche Nussschale 371 Tage Flutkatastrophe überstehen? Und wohin mit den vielen Tieren? Diese Darstellungen haben nichts mit der biblischen Realität zu tun.

Die Arche der Bibel sah nämlich ganz anders aus. Dieses Schiff musste Platz bieten, um alle nicht im Wasser lebenden Tiergruppen unterzubringen und um Nahrung für etwas mehr als ein Jahr mitzunehmen. Deshalb sind die Ausmaße der Arche im Vergleich zu einem Hausboot geradezu gigantisch! Der biblische Text beschreibt dieses Schiff nur mit sehr wenigen Worten: „Mache dir eine Arche aus Gopherholz; mit Kammern sollst du die Arche machen und sie von innen und von außen mit Harz verpichen. Und so sollst du sie machen: 300 Ellen sei die Länge der Arche, 50 Ellen ihre Breite, und 30 Ellen ihre Höhe. Eine Lichtöffnung sollst du der Arche machen, und bis zu einer Elle sollst du sie fertigen von oben her; und die Tür der Arche sollst du in ihre Seite setzen; mit einem unteren, zweiten und dritten Stockwerk sollst du sie machen" (1. Mose 6,14-16). Die Form des Schiffes wird dabei nicht näher beschrieben. Der Leser erfährt lediglich:

- ihre maximalen Außenmaße (300 x 50 x 30 Ellen),
- dass die Arche drei Stockwerke,
- verschiedene Räume,
- eine Tür und
- ein Dach mit einer Lichtöffnung besaß.
- Sie bestand aus Gopherholz und
- war mit Harz wasserabweisend bestrichen.

Noah hatte von Gott natürlich ausführlichere Anweisungen bekommen, so wie zum Beispiel Mose später beim Bau der Stiftshütte.[39] Sie sind uns aber nicht aufgeschrieben worden.

5.1.1 Gopherholz

Das zum Bau verwendete Gopherholz kommt nur an dieser Stelle in der Bibel vor und wird sonst nirgends erwähnt. Vielleicht handelt es sich um eine während der Sintflut ausgestorbene Holzart, oder die Baumart bekam nach der Sintflut eine andere Bezeichnung. Einige Forscher vermuten eine Zypressenholzart, die sehr widerstandsfähig gegen Fäulnis ist.

5.1.2 Harz

Die Bedeutung des hebräischen Wortes für Harz ist unsicher. Das in 1. Mose 6,14 verwendete hebräische Wort *kofer*

---

[39] Beim Bau der Stiftshütte hatte Mose mehr Informationen, als uns die Bibel gibt. Er sah ein Bild oder ein Modell von ihr und konnte sie deshalb genau den Wünschen Gottes entsprechend bauen: „Nach allem, was ich dir *zeige,* das Muster der Wohnung und das Muster aller ihrer Geräte, so sollt ihr es machen“ (2. Mose 25,9). Trotz der vielen Details im zweiten Buch Mose gibt es nicht genug Informationen, um die Stiftshütte exakt nachzubauen. Wahrscheinlich will Gott das auch gar nicht.

für „Harz“ kommt nämlich nur dort vor. Wenn es sich um Erdharz auf Erdölbasis handelt, ist klar, dass Noah die Arche erst bauen konnte, als es schon Erdpech gab. Dann müssen die unteren geologischen Schichten (Kambrium bis Karbon) vorsintflutlich entstanden sein. Es kann sich aber auch um ein besonderes Baumharz gehandelt haben. Ein anderes Wort für Harz (hebr. *chemar*) kommt in 1. Mose 11,3; 14,10 und 2. Mose 2,3 vor. Dort bedeutet „Erdharz“ ohne Frage „Asphalt“ und weist auf zähes Erdöl hin. Es wurde in Babylon als Mörtel (1. Mose 11,3), zum Abdichten von Booten (2. Mose 2,3) und Böden und zum Einbalsamieren verwendet. Bedeutende Erdharzfundorte lagen in der Antike an der Südspitze des Toten Meers (Tal Siddim; 1. Mose 14,10) und in der Landschaft Hit am mittleren Euphrat.

5.1.3 Stockwerke

Die Arche bestand aus drei Hauptdecks, die über Rampen verbunden sein mussten. Ob es noch Zwischendecks gab, lässt der biblische Bericht offen. Allerdings ist das sehr wahrscheinlich, denn dadurch konnten mehr Tiere getrennt voneinander untergebracht und die Versorgung der Tiere erheblich erleichtert werden.

5.1.4 Kammern

Auf den Decks gab es verschiedene Kammern. Das im hebräischen Text verwendete Wort *qen* wird sonst in der Bibel mit „Nest“ übersetzt, so zum Beispiel in den Psalmen: „Sogar der Sperling hat ein Haus gefunden, und die Schwalbe ein Nest für sich, wohin sie ihre Jungen legt“ (Psalm 84,4). Ein Nest bedeutet Sicherheit und Geborgenheit. Gott benutzt bei der Beschreibung der Arche dieses besondere

Wort, weil diese Kammern[40] nicht nur „Zellen“ waren, um die Tiere voneinander zu trennen, sondern auch als Ruheort für die Menschen und die Tiere dienten, die an Bord waren. Vielleicht sind sie sogar ein Hinweis darauf, dass die Tiere während der Archenfahrt in einen leichten Winterschlaf fielen (siehe dazu Kap. 10.3).

5.1.5 Lichtöffnung

Bei der Lichtöffnung[41] der Arche handelt es sich wahrscheinlich um eine oder mehrere lang gestreckte Öffnungen unter der Dachtraufe. Das genaue Aussehen dieses „Fensters“ ist dem biblischen Bericht nicht zu entnehmen, besonders wenn man den letzten Teil des Verses beachtet: „Und bis zu einer Elle sollst du sie fertigen von oben her.“ Dieser Satz kann sich auf die Höhe der Lichtöffnung unterhalb des Daches oder auf einen Überhang des Daches beziehen, der dem Hineinregnen in die Lichtöffnungen der Arche vorbeugte. Vielleicht konnte diese Öffnung bei starkem Regen auch geschlossen werden. Fest steht, dass es im Dachbereich der Arche Belüftungsöffnungen gegeben haben muss, die auch das Tageslicht durchließen. Allerdings verwendet Noah später für das „Fenster der Arche, das er gemacht hatte“ (1. Mose 8,6) und aus dem er die Taube fliegen ließ, ein ganz anderes Wort[42]. Vielleicht gab es in der Arche verschiedene Öffnungen, damit die

---

[40] Sonst wird im Alten Testament für „Kammer“ häufig das hebräische Wort *cheder* benutzt, was auch so viel wie „Gemach, Inneres“ bedeutet.

[41] Das im biblischen Text verwendete Wort (hebr. *zohar*) für „Fenster“ bedeutet sonst stets „Mittag“ in der Bedeutung „Helligkeit, Licht“.

[42] Das hebräische Wort *challon* wird im Alten Testament ausschließlich mit Fenster übersetzt.

Luft zirkulieren, das Licht hereinscheinen und Noah die Umgebung beobachten konnte.

5.1.6 *Tür*

Die Arche besaß eine einzige Tür an der Seite, die Gott selbst schloss, nachdem alle Mitreisenden an Bord waren. Über Größe und Aussehen wird uns nichts mitgeteilt.

5.1.7 *Das Schiff*

Der biblische Bericht gibt uns keine direkte Information über die Form des Schiffskörpers. Darum ist auch nicht sicher, dass die Arche kastenförmig aussah. Das hebräische Wort *tebah* für Arche wird sonst nur für das „Kästchen" benutzt, in das Mose gelegt wurde, um ihn vor dem ägyptischen Pharao zu verstecken (2. Mose 2,3). Beide „Archen" schwammen, beide waren mit Harz oder Erdharz verpicht und beide mit einem Dach versehen und beide retteten Leben – aber damit enden auch schon die Übereinstimmungen. Moses Kästchen wird sicher nicht die gleichen Proportionen wie die Arche gehabt haben. Außerdem waren ägyptische Körbe in jener Zeit oval bzw. rund. Vielleicht bedeutet das hebräische Wort *tebah* einfach nur „Rettungsboot". Trotzdem darf man sich die Arche nicht wie ein überfülltes Hausboot vorstellen. Für unsere weiteren Überlegungen gehen wir zunächst von einem kastenartigen Aussehen der Arche aus. Das vereinfacht die nun folgenden Berechnungen über das Raumangebot des Schiffes. Später werden wir das Aussehen der Arche genauer untersuchen. Doch zunächst müssen wir uns überlegen, wie lang eine Elle in der Zeit Noahs gewesen sein könnte.

5.2 Wie lang ist eine Elle?

Die Elle ist eines der ältesten Naturmaße und entsprach dem Abstand vom Ellenbogen bis zur Mittelfingerspitze. In der Antike war die Elle bei den verschiedenen Völkern unterschiedlich lang, was wohl darin begründet ist, dass der Unterarm bei Menschen verschieden lang ist. Zusätzlich wurde bei den meisten Völkern noch zwischen der „normalen" Elle und der „Königselle" unterschieden. Auch die Bibel kennt diese zwei verschiedenen Maße für die Elle. Die exakte Länge einer Elle zur Zeit Noahs ist heute nicht mehr bekannt. Wahrscheinlich entspricht sie am ehesten der der Völker Mesopotamiens, die in der Zeit nach Noah

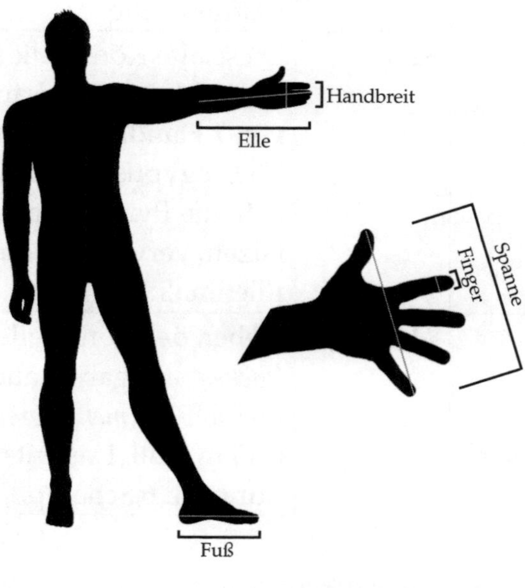

Abb. 11: Die ältesten Längenmaße sind Naturmaße, die zum Teil auch in der Bibel Verwendung finden: *Elle* (1. Mo 6,15; u. a.), *Spanne* (2. Mo 28,16; 39,9; 1. Sam 17,4; Jes 40,12; Hes 43,13), *Handbreit* (2. Mo 25,25; 37,12; 1. Kön 7,26; 2. Chr 4,5; Ps 39,6; Hes 40,5.43; 43,13), *Finger* (Jer 52,21) und *Fuß* (kommt in der Bibel nicht vor).

lebten. Die Übersicht gibt die verschiedenen Längenmaße in der Antike wieder:

Land/Völker	**Elle in [cm]**	**Anmerkungen**
Mesopotamien	51,8	Maßstab aus Kupfer (Cubit von Nippur) als stark vergrößerte Form eines Schreibgriffels aus dem 3. Jt. v. Chr. Dieser Kupfermaßstab, das älteste bekannte Referenzmaß, ist in 30 Finger unterteilt.[42]
Perser	54,8	Altpersische Königselle[43]
Perser	53,3	Normale Elle
Ägypter	52,5	Diese alte Königselle (3. Jt. v. Chr.) hatte eine Länge von 7 Handbreit (Schesep). Viele ägyptische Bauwerke, z. B. die Pyramiden von Gizeh, verwenden dieses Ellenmaß.[44]
Ägypter	44,6	Neben der Königselle (*meh-nesut*) gab es auch die kleine Elle (*meh-sherer*), die 0,45 m maß. Das entspricht nur noch 6 Schesep.[45]

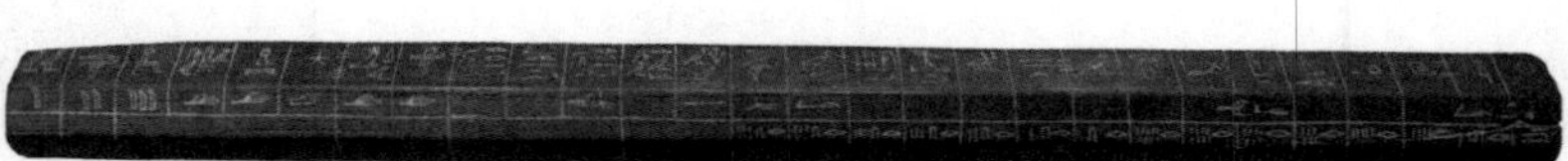

Abb. 12: Die ägyptische Elle (Länge: 52,5 cm) des obersten Finanzbeamten unter Pharao Tutenchamun (um 1330 v. Chr.; Louvre, Paris)

Land/Völker	**Elle in [cm]**	**Anmerkungen**
Hebräer	51,8	Große Elle oder königliche Elle[46]
Hebräer	43,6	Inschrift des Siloahtunnels in Jerusalem aus dem 8. Jh. v. Chr. Dort wird die Länge des Tunnels mit 1200 Ellen angegeben bei einer heute gemessenen Gesamtlänge von 534,8 m.[45]
Griechen	46,0	Pechys = „klassische Elle"[47]

42 Acta praehistorica et archaeologica, Volumes 7–8, Berliner Gesellschaft für Anthropologie, Ethnologie und Urgeschichte; Ibero-Amerikanisches Institut (Berlin, Germany); Staatliche Museen Preußischer Kulturbesitz, Berlin: Bruno Hessling Verlag, 1976, S. 49.

44 Kahnt, H. (1986): *BI-Lexikon Alte Maße, Münzen und Gewichte,* 1. Auflage, VEB Bibliographisches Institut, Leipzig 1986, S. 380.

45 Dieter, A. (1991): *Building in Egypt: Pharaonic Stone Masonry*, Oxford: Oxford University Press, S. 251.

46 Horovitz, A. (2010): *City of David – The Story of Ancient Jerusalem*, 3rd Edition, S. 216.

47 Siehe Hesekiel 40,5.

48 http://universal_lexikon.deacademic.com/283700/Pechys [8.4.2013].

5.3 Die Maße der Arche

Im 3. Jt. v. Chr. maß die Elle also ungefähr 54 cm, später nur noch 45 cm. Die Größe der Arche lag auf dieser Grundlage zwischen folgenden Werten:

- Länge: 138 m bis 162 m
- Breite: 22 m bis 27 m
- Höhe: 13,2 m bis 16,2 m
- Gesamtlagerfläche (3 Decks): 9.108 m^2 bis 13.122 m^2
- Gesamtvolumen: 40.075 m^3 bis 70.859 m^3

Obwohl die Elle zur Zeit Noahs wahrscheinlich mehr als 50 cm lang war, soll die kürzeste bekannte Ellenlänge aus jener Zeit als weitere Berechnungsgrundlage verwendet werden, besonders, um zu überprüfen, ob alle Tiere in die Arche passten.

Demnach war die Arche mindestens 138 m lang, 22 m breit und 13 m hoch. Ihr Raumvolumen betrug 40.075 m^3 und die Gesamtladefläche 9.108 m^2. Das entspricht einer Ladefläche von 250 Güterwagen der Deutschen Bahn mit je 130 Schafen. Nach der Güterbeförderungsvorschrift der Deutschen Bahn vom 1. März 1985 müssen in einem wie oben erwähnten Güterwagen pro ungeschorenem Schaf 0,26 m^2 Bodenfläche zur Verfügung stehen, sodass ein Schaf die Möglichkeit hat, sich hinzulegen So konnte die Arche ohne Schwierigkeit 32.500 Tiere von der Größe eines Schafs transportieren. Über 90 % aller bekannten Tiere sind aber als Jungtiere wesentlich kleiner. Gerade die außergewöhnliche Größe dieses Schiffes schließt eine lokale Flut aus. Es ist einfach unvorstellbar, dass Noah – nur um einer regionalen Flutkatastrophe zu entkommen – ein so riesiges Schiff gebaut haben soll. Bis Mitte des 19. Jahrhunderts war in der gesamten Weltgeschichte kein Schiff bekannt, das größer als die Arche war.

Manchmal wird eingewendet, dass sich so große Schiffe nicht ausschließlich aus Holz bauen lassen. Hatschepsuts Barke (um 1500 v. Chr.), ein Nilboot, mit dem Obelisken transportiert wurden, war fast 100 m lang und 32 m breit. Aus der Antike sind auch noch drei Schiffe der Griechen bekannt mit Längen von weit über 100 m. Die *Leontophoros* (um 280 v. Chr.) war 110 m lang und wurde sogar nachweislich in Schlachten eingesetzt. Die *Thalamegos* und die *Tessarakonteres* (beide um 200 v. Chr.) waren immerhin 115 bzw. 128 m lang.[49] Nach Athenaeus und Plutarch hatte die Tessarakonteres eine Besatzung von 400 Personen, wurde von 4.000 Ruderern angetrieben und transportierte 2.850 Soldaten. Insgesamt waren demnach mehr als 7.000 Menschen an Bord.

Abb. 13: Die Wyoming, mit 137 m Länge das zweitlängste Holzschiff der Welt

[49] Casson, L. (1991): *The Ancient Mariners,* 2nd Ed. Princeton University Press, S. 127–142; Casson, L. (1994): *The Age of the Supergalleys.* Chapter 7 of *Ships and Seafaring in Ancient Times,* University of Texas Press, 1st University edition.

Außerdem sagt die Bibel nicht, dass nur Holz beim Archenbau verwendet wurde. Metallverarbeitung war zur Zeit Noahs längst bekannt. So wird Tubalkain genannt, ein „Hämmerer von allerlei Schneidewerkzeug aus Kupfer und Eisen" (1. Mose 4,22). Das längste Holzschiff der Welt nach der Arche Noah, die *Wyoming* (Dienstzeit: 1909–1924), besaß eine Länge von ca. 137 m und eine Breite von ca. 15 m (Abb. 13).

Natürlich gibt es heute größere Schiffe als die Arche. Das größte Öltankschiff der Welt, die *Jahre Viking*, war 458,45 m lang, 68,80 m breit. Die Seitenhöhe betrug 29,80 m. Die *Emma Mærsk* zählt mit 397,71 m Länge und 56,40 m Breite zu den größten Containerschiffen der Welt. Das größte Kreuzfahrtschiff der Welt, die *Allure of the Seas*, hat eine Länge von 361 m, eine Breite von 66 m und ist damit mehr als doppelt so lang wie die Arche.

Abb. 14: Die Schiffe *Jahre Viking*, *Emma Mærsk*, *Wyoming* und *Arche* im Größenvergleich (von oben nach unten)

Auffallend ist, dass das Verhältnis 6:1 von Länge zu Breite auch noch heute im Schiffsbau verwendet wird, da so ein Maximum an Fassungsvermögen und Betriebssicherheit erreicht wird. So besitzen Autofähren in unserer Zeit ähnliche Proportionen wie die Arche.[50] Auch moderne Öltanker (z. B. die *Jahre Viking;* Längen-Breiten-Verhältnis von etwa 6,6:1) und Containerschiffe (z.B. die *Emma Mærsk;* Längen-Breiten-Verhältnis von etwa 7:1) weisen ähnliche Größenverhältnisse auf.

In einem wichtigen Punkt unterschied sich die Arche von anderen Schiffen im Altertum: Sie besaß keine hohen Aufbauten – wie zum Beispiel Masten –, die wegen der Schwerpunktverlagerung die Gefahr des Kenterns erhöhten. Die Arche war viel breiter als hoch, was zu einem tief liegenden Schwerpunkt führte und die Gefahr des Kenterns verringerte.

Und so spricht alles dafür, dass Gott der geniale Konstrukteur dieses Schiffes war.

5.4 Wie lange baute Noah an der Arche?

Das ist keine einfache Frage. Dem biblischen Text „und der Herr sprach: Mein Geist soll nicht ewig mit dem Menschen rechten, da er ja Fleisch ist; und seine Tage seien 120 Jahre" (1. Mose 6,3) könnte man entweder entnehmen, dass Noah 120 Jahre an der Arche baute oder dass die Menschen nur noch maximal 120 Jahre alt werden würden. Entsprechend Letzterem wird der Text auch manchmal in einigen Bibeln

[50] Zu den größten Autofähren zählen die *M/S Color Magic* (größte Passagierkapazität) und die *Ulysses* (größte Fahrzeugkapazität). Sie haben ebenfalls ein Längen-Breiten-Verhältnis von etwa 6:1.

übersetzt.[51] Diese Übersetzung – auch wenn sie grammatikalisch möglich ist – ergibt aber keinen Sinn. Warum sollte Gott schon damals das Lebensalter der Menschen auf 120 Jahre begrenzen, wenn viele Hundert Jahre nach Noah die Menschen noch viel älter wurden (siehe Abb. 8)? So heißt es von Jakob: „Und die Tage Jakobs, die Jahre seines Lebens, waren 147 Jahre“ (1. Mose 47,28). Erst viel später spricht Mose davon, dass „die Tage unserer Jahre … siebzig Jahre, und wenn in Kraft, achtzig Jahre“ sind (Psalm 90,10).

So können sich die 120 Jahre nur auf die Zeit des Bauens und damit auf die „Gnadenfrist“ beziehen, die Gott den Menschen damals gab. Diese lange Zeitspanne passt auch zu der Aussage im Neuen Testament: „… als die Langmut Gottes harrte in den Tagen Noahs, während die Arche zugerichtet wurde, in die wenige, das ist acht Seelen, eingingen und durch Wasser gerettet wurden“ (1. Petrus 3,20). Gott wartete nicht nur, bis Noah die Arche fertiggestellt hatte, sondern „die Langmut Gottes harrte in den Tagen Noahs“. Das weist auf einen sehr langen Zeitraum hin, in dem Gott die Menschen vor dem angekündigten Gericht warnte und ihnen die Möglichkeit zur Umkehr gab. In dieser großen Zeitspanne wurde die Arche gebaut. Jeder Hammerschlag beim Bau der Arche war damit auch eine Warnung vor der Flut.

Doch mit diesem Ergebnis gibt es im Sintflutbericht scheinbar einen Widerspruch. Denn bevor Gott von den 120 Jahren „Gnadenfrist“ spricht, liest man, dass „Noah 500 Jahre alt war; und Noah Sem, Ham und Japhet zeugte“ (1. Mose 5,32), und danach, dass „Noah 600 Jahre alt war, als die Flut kam“ (1. Mose 7,6).

---

[51] „Ich will ihm als Lebenszeit geben hundertundzwanzig Jahre“; nach dem Bibeltext in der revidierten Fassung der Lutherbibel von 1984, herausgegeben von der Evangelischen Kirche in Deutschland (EKD).

Wie lange baute Noah nun? Waren es 120 Jahre? Oder nur 100 Jahre entsprechend der Differenz aus den beiden Altersangaben Noahs in Kapitel 5 und 7? Die Antwort ist nicht schwer: Der biblische Bericht ist nicht immer in zeitlicher Reihenfolge verfasst. So werden in 1. Mose 10 die Völker aufgelistet, die aus den Söhnen Noahs hervorkamen und sich „nach ihren Sprachen" (siehe 1. Mose 10,5.20.31) auf der Erde unterscheiden ließen. Doch die Ursache der verschiedenen Sprachen auf der Erde, die Sprachverwirrung beim Turmbau zu Babel, wird erst in 1. Mose 11 beschrieben. Sie muss aber vorher stattgefunden haben (siehe dazu Kap. 4.2).

Ähnliches findet sich auch an vielen anderen Stellen im Alten und Neuen Testament. So beginnt zum Beispiel das Lukasevangelium mit den einleitenden Worten: „... hat es auch mir gut geschienen, der ich allem von Anfang an genau gefolgt bin, es dir, vortrefflichster Theophilus, der Reihe nach zu schreiben, damit du die Zuverlässigkeit der Dinge erkennst, in denen du unterrichtet worden bist" (Lukas 1,3.4). Damit meint Lukas aber nicht unbedingt eine rein zeitliche Reihenfolge, sondern eine genaue Schilderung der wichtigsten Lebensabschnitte aus dem Leben von Jesus Christus, die gerade bei Lukas mehr thematisch angeordnet sind. Dadurch kann die chronologische Ordnung unterbrochen werden.

Auch Noahs Bericht ist nicht ausschließlich in einer zeitlichen Reihenfolge geschrieben. Das lässt sich einfach feststellen, wenn man berücksichtigt, dass es in der hebräischen Sprache keinen Unterschied zwischen der Imperfekt- und Plusquamperfektform (vollendete Vergangenheit) gibt. Der Text lässt sich so auch folgendermaßen übersetzen: „Und Noah war 500 Jahre alt; und Noah zeugte Sem, Ham und Japhet. ... Und der HERR *hatte ge-*

sprochen[52]: Mein Geist soll nicht ewig mit dem Menschen rechten, da er ja Fleisch ist; und seine Tage seien 120 Jahre. … Und Noah war 600 Jahre alt, als die Flut kam … Noah aber fand Gnade in den Augen des HERRN. Dies ist die Geschichte Noahs: Noah war ein gerechter, vollkommener Mann unter seinen Zeitgenossen; Noah wandelte mit Gott. Und Noah zeugte drei Söhne: Sem, Ham und Japhet. … Und Gott *hatte* die Erde *gesehen*, und siehe, sie *war* verdorben *gewesen* … Und Gott *hatte* zu Noah *gesprochen*[53]: Das Ende allen Fleisches ist vor mich gekommen; denn die Erde ist voll Gewalttat durch sie; und siehe, ich will sie verderben mit der Erde … Aber mit dir will ich meinen Bund errichten, und du sollst in die Arche gehen, du und deine Söhne und deine Frau und die Frauen deiner Söhne mit dir" (1. Mose 5,32-7,6).

Daraus ergibt sich folgendes Bild: Noah war 500 Jahre alt, als er begann, Söhne zu zeugen. Als Sem geboren wurde, war er ungefähr 503 Jahre alt. Denn am Ende der Flut war Noah 601 Jahre alt, und Sem wurde 97 Jahre vor dem Ende der Flut geboren, da Sem zwei Jahre nach der Flut 100 Jahre alt war (1. Mose 8,13; 11,10). Damit war Sem der zweitälteste Sohn von Noah. Japhet war ungefähr drei Jahre älter, er wurde gezeugt, als Noah 500 Jahre alt war (1. Mose 5,32). Ham war der jüngste Sohn Noahs (1. Mose 9,24).

Die ersten acht Verse aus Kapitel 6 sind dann ein Rückblick in die Zeit, als Noah etwa 480 Jahre alt war und Gott

[52] Gott sprach demnach zu Noah, bevor dieser 500 Jahre alt war.

[53] Zu dem Zeitpunkt dieses göttlichen Ausspruchs hatte Noah noch keine Kinder. Seine Erfüllung lag also aus Noahs Sicht noch in der Zukunft. Diese Worte wurden von Gott gesprochen, bevor Noah 500 Jahre alt war und Nachkommen hatte.

den Menschen noch 120 Jahre lang die Möglichkeit gab, von ihrem gottlosen Weg zu Gott umzukehren. Wahrscheinlich wusste Noah nichts von dieser Zeitspanne, denn Gott sprach zu sich selbst und nicht zu Noah. Noah begann dann mit dem Bau dieses riesigen Schiffes, bevor seine Söhne geboren und verheiratet waren. Die Erfüllung dieser Mitteilung, dass Noah Söhne und Schwiegertöchter haben würde, lag zu dem Zeitpunkt der Mitteilung Gottes an Noah noch in der Zukunft. Doch alles würde rechtzeitig vor dem Beginn der Flut in Erfüllung gehen, ebenso wie Gott auch die Tiere rechtzeitig zur Arche rufen würde.

5.5 Wie konnte Noah ein so großes Schiff bauen?

Der biblische Bericht sagt nicht, dass Noah und seine Söhne die Arche allein bauten. Es ist ohne Weiteres möglich, dass sie Helfer hatten – zum Beispiel Verwandte wie Methusalah oder Lamech. Sie hätten natürlich auch Lohnarbeiter anstellen können – auch das schließt die Bibel nicht aus.

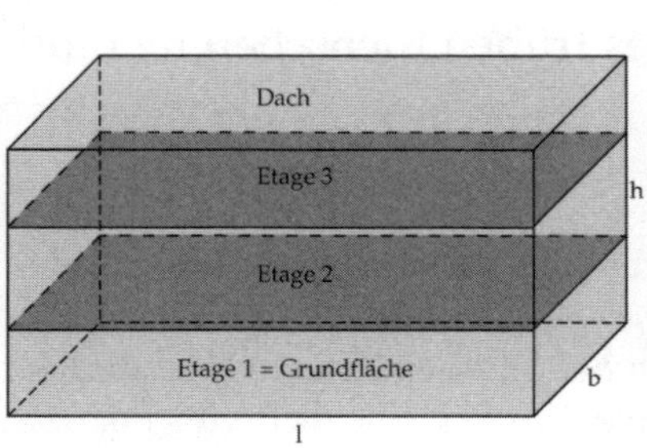

Abb. 15: Die Arche in idealisierter Form als Kasten mit drei Stockwerken. Etage 1 ist dabei auch die Grundfläche.

Nehmen wir noch einmal für die Arche ein kastenförmiges Aussehen an, dann werden bei maximaler Größe von 162 m Länge, 27 m Breite und 16,2 m Höhe (siehe Kap. 5.3) etwa 23.620 m² Holz verbaut. Die Rechnung ist nicht schwer. Die Fläche l x b tritt viermal auf und je zweimal müssen noch die Seitenflächen l x h und b x h dazugezählt werden. Dabei sind die „Räume“ der Tiere und vielleicht vorhandene Zwischendecks noch nicht berücksichtigt. Deshalb wird die Gesamtfläche – um auf der sicheren Seite der Abschätzung zu sein – noch einmal verdoppelt. Noah hätte dann mit seinen drei Söhnen – ohne Mitarbeit weiterer Helfer – insgesamt 47.240 m^2 verbauen müssen. Hätte Noah während der 120 Jahre Bauzeit nur jeden zweiten Tag an der Arche gearbeitet, hätte er mit seinem Team pro Tag etwa 2,2 m^2 Holz verbauen müssen. Das wäre ohne Schwierigkeiten zu schaffen gewesen.

Die Menschen waren damals kulturell und bautechnisch auf einer hohen Entwicklungsstufe. So konnten die Zivilisationen wenige Hundert Jahre nach der Sintflut schon monumentale Bauwerke errichten. Auch vor der Sintflut war das Schmiedehandwerk bekannt, und es existierten große Städte (vgl. 1. Mose 4,17.22). Außerbiblische Hinweise zeigen, dass die Menschheit damals eine hohe Kultur besaß. So sind zum Beispiel nach den berühmten Speerfunden von Schöningen *Homo erectus* und *„Neandertaler“* als primitive Urmenschen aus der Fachliteratur verschwunden. Diese Funde haben das Bild der kulturellen und sozialen Entwicklung des frühen Menschen revolutioniert.[54]

---

[54] „So konnte die ehemals weit verbreitete Forschungsmeinung widerlegt werden, nach der der *Homo heidelbergensis* (ein naher Verwandter des *Homo erectus*) und sogar noch der sehr viel jüngere Neandertaler primitive, sprachlose Wesen gewesen seien, die sich von Pflanzen und Aas ernährten. Denn die Schöninger Speere und ihr Fundzusammenhang zeugen von hohen technologischen Fähigkeiten und liefern den ersten eindeutigen Beleg für eine aktive (Großwild-)Jagd. Eine erfolgreiche Jagd auf schnell fliehende Herdentiere ist ohne ausgefeilte Jagdstrategien, ein komplexes Sozialgefüge und entwickelte

5.6 Wo baute Noah die Arche?

Die Bibel schweigt über den Ort, an dem Noah lebte und die Arche baute; es findet sich dort noch nicht einmal ein Hinweis. Das Gilgamesch-Epos spricht zwar von der Stadt Schuruppak, und die nachsintflutliche Lage dieser Stadt konnte archäologisch gesichert werden. Sie liegt im heutigen Irak, 200 Kilometer südöstlich von Bagdad. Doch das hilft nicht weiter, denn der Hinweis ist lediglich außerbiblisch und, wie an anderer Stelle erwähnt: Die Sintflut hat die Spuren der damaligen Städte vernichtet und das Aussehen der Erdoberfläche stark verändert.

5.7 Schwimmstabilität und Aussehen der Arche

Wie schon angesprochen, wird eine weltweite, Berge bedeckende Flutkatastrophe weitere geologische Prozesse ausgelöst haben. Es liegt auf der Hand, dass die Arche damit auch starkem Wellengang standhalten musste. Am Ende der Sintflut kam sogar ein sehr starker Wind auf, der mächtige Wellen erzeugt haben dürfte. Dabei könnte die Arche mit drei Problemen konfrontiert worden sein: *Drehen* (Rotieren), *Stampfen* und *Rollen*. Tsunamis, wie sie in den letzten Jahren durch Seebeben öfter ausgelöst wurden, sind für Schiffe in tiefen Gewässern ungefährlich. Sie können deshalb außer Acht gelassen werden.

Formen der Kommunikation nicht denkbar. Schon der *Homo heidelbergensis* verfügte damit möglicherweise bereits über intellektuelle und kognitive Fähigkeiten wie das vorausschauende, planende Denken und Handeln, die zuvor erst den modernen Menschen (*Homo sapiens*) zugeschriebenen wurden" (www.wikipedia.org/wiki/Schöninger_Speere [31.5.2014]).

5.7.1 Drei mögliche Rotationsbewegungen eines Schiffs

Bei der *Drehung* um die vertikale Achse drehen sich Bug und Heck abwechselnd in die gleiche Richtung. Eine solche Bewegung bringt ein Schiff nicht zum Kentern, macht die Fahrt aber sehr unangenehm. In der Fachsprache wird die Drehbewegung um diese Hochachse als *gieren* bezeichnet.

Das *Stampfen* entsteht durch eine Rotation um die Querachse. Dabei bewegen sich Bug und Heck durch Frontalwellen abwechselnd auf und ab. Diese Wellen sind für ein langes Schiff wie die Arche ungefährlich. Das Schiff wird sich auf jeden Fall parallel zur Ausbreitungsrichtung der Wellen ausrichten.[55]

Starke Wellen von der Seite könnten allerdings sehr problematisch sein. Sie können zum *Rollen* führen, das heißt,

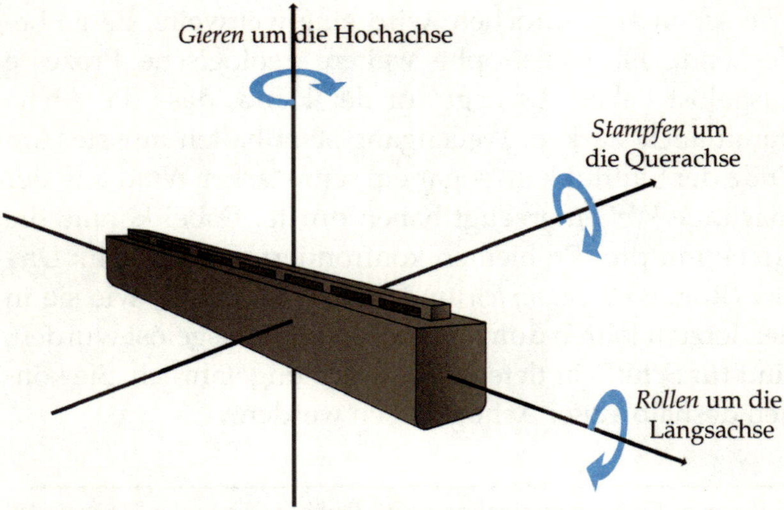

Abb. 16: Die drei Grund-Rotationsbewegungen eines Schiffes im Wasser

---

[55] Collins, D. H. (September 1997): *Was Noah's Ark stable?* Creation Research Society quarterly 14(2), S. 83–87.

das Schiff neigt sich gefährlich zur Seite, was Schlagseite bzw. Kentern zur Folge haben kann. Bei der Arche war diese Gefahr sehr gering, da sie viel breiter als hoch war. Es war fast unmöglich, dass sie kenterte. Bei einer seitlichen Neigung von mehr als 60 Grad hätte sie sich wieder aufrichten können. Schiffsbau-Ingenieure haben berechnet, dass ein Sturm mit einer Geschwindigkeit von über 350 Stundenkilometer das Richtmoment der Arche, das sie vor dem Umkippen bewahrte, nicht überwunden hätte.[56]

Außerdem ist es möglich, dass Noah das Schiff mit einem nach vorne gewölbten Heck und mit einem Windfänger am Bug versah. Damit hätte sich die Arche wie eine Windfahne schnell dem Wind entsprechend ausrichten können. Siehe dazu Kapitel 5.7.6.

5.7.2 Ein Experiment

In einem interessanten Experiment wurden 1993 verschiedene Schiffe auf ihre Seetüchtigkeit untersucht.[57] Das Konzept war einfach: Ein Modell der Arche wurde mit zwölf anderen Schiffsmodellen gleichen Volumens, aber verschiedener Außenmaße verglichen. Dabei wurden drei wichtige Merkmale untersucht: Seetauglichkeit, Schwimmkomfort und Stabilität.

Die Untersuchungen ergaben, dass die Arche Wellen von 30 Metern Höhe aushalten konnte. Sie erreichte gute

---

56 Gemäß der Definition nach der Saffir-Simpson-Skala spricht man von einem Hurrikan, wenn die Windgeschwindigkeit 120 km/h übersteigt. Kategorie 5 entspricht der stärksten Stufe mit einer Windgeschwindigkeit von über 250 km/h mit verwüstenden Folgen.

57 Hong, S. et al. (April 1994): *Safety Investigation of Noah's Ark in a seaway.* Technical Journal **8** (1), S. 26–36 (www.answersingenesis.org/tj/v8/i1/noah.asp [20.9.2014]).

Testwerte in jedem der drei Merkmale und gehörte zu den besten Schiffen in der Kombination der drei Werte. Anders ausgedrückt: Die Proportionen der Arche waren sorgfältig ausgewogen. Schwimmstabilität und Schwimmkomfort würden sich schnell verschlechtern, wenn nur ein einziger Wert etwas abgewandelt würde. Es überrascht nicht, dass moderne Schiffe ähnliche Proportionen aufweisen – sie funktionieren! Ein kastenförmiges Aussehen der Arche anzunehmen, ist sinnvoll, wenn es um Volumenberechnungen und um Überlegungen geht, ob alle Tiere in dieses Schiff passten. Aber wenn es um optimale Schwimmstabilität auch bei starkem Seegang geht, müssen, wie vorher erwähnt, obige Punkte berücksichtigt werden.

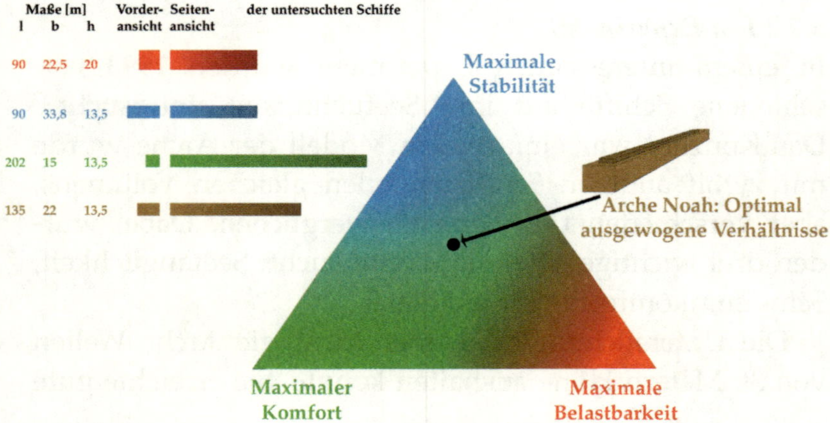

Abb. 17: Ideale Proportionen der Arche. Bei gleichem Volumen wurden Länge, Breite und Höhe der getesteten Schiffe variiert. In der Tabelle sieht man das Aussehen der Arche bei maximaler Belastbarkeit, Stabilität und maximalem Komfort. Die Arche besitzt optimal ausgewogene Proportionen.

Nach Lovett, T. (2009): *Noah's Ark. Thinking outside the Box*, Master Books, S. 33; Hong, S. W. et al. (April 1994): *Safety Investigation of Noah's Ark in a Seaway*, Creation Ex Nihilo Technical Journal 8(1), S. 26–35

5.7.3 Berechnungen

Auf Grundlage mathematischer Berechnungen mit Formeln aus der Schifffahrtstechnik konnte der Informatiker Werner Gitt zeigen, dass Schwimmstabilität bei gleichzeitig sparsamem Materialverbrauch bei der Arche optimal war.[58] Und das, obwohl Noah vorher keine Schulung oder Erfahrung im Schiffsbau gesammelt hatte.

Angesichts dieser Ergebnisse ist es abwegig zu behaupten, die fünf Bücher Mose seien erst 1.100 Jahre später, also um 400 v. Chr., entstanden und lediglich Abschriften von anderen antiken Schriften, wie zum Beispiel dem Gilgamesch-Epos. Sämtliche in früherer antiker Literatur erwähnten Schiffe sind entweder *schwimminstabiler als die Arche Noahs* oder völlig *schwimmuntauglich* wie zum Beispiel die würfelförmige Arche im Gilgamesch-Epos.

5.7.4 Beplankung

Beim Bau hölzerner Schiffe gibt es zwei Möglichkeiten: die Schalen- oder die Skelettbauweise (Spantenbauweise). Bei der *Schalenbauweise* werden zuerst die Planken mit Zapfen und Zapfenlöchern aneinander befestigt und danach die inneren Holzspanten eingefügt. Bei der *Skelettbauweise* ist die Reihenfolge umgekehrt; die Planken müssen auf dem vorher gebauten hölzernen Skelettsystem angebracht werden.

Die phönizischen, griechischen und römischen Schiffe wurden in Schalenbauweise angefertigt. Und ihre Baumeister beherrschten ihre Kunst: So gibt es Berichte[59] über

---

[58] Gitt, W.: *Das sonderbarste Schiff der Weltgeschichte.* Sonderdruck aus Fundamentum 3/2000, Basel. Eine sehr empfehlenswerte Lektüre.

[59] Polybios: *The Histories* (Übersetzung von William Roger Paton u. a. (1922–1927), Buch I,38. Polybios (≈ 200 – ≈ 120 v. Chr.) war ein antiker griechischer Geschichtsschreiber. In seinem berühmten Haupt-

zahlreiche römische Kriegsschiffe, die innerhalb kurzer Zeit hergestellt wurden; im Jahr 254 v. Chr. waren es wenigstens 200 Schiffe, die innerhalb von drei Monaten gebaut wurden. Aus Schiffsfunden ist bekannt, dass schon die Griechen in der Antike nach einem hoch entwickelten Zapfen/Zapfenloch-System die Planken sehr stabil miteinander befestigten. Noah hätte die Arche ähnlich bauen können.

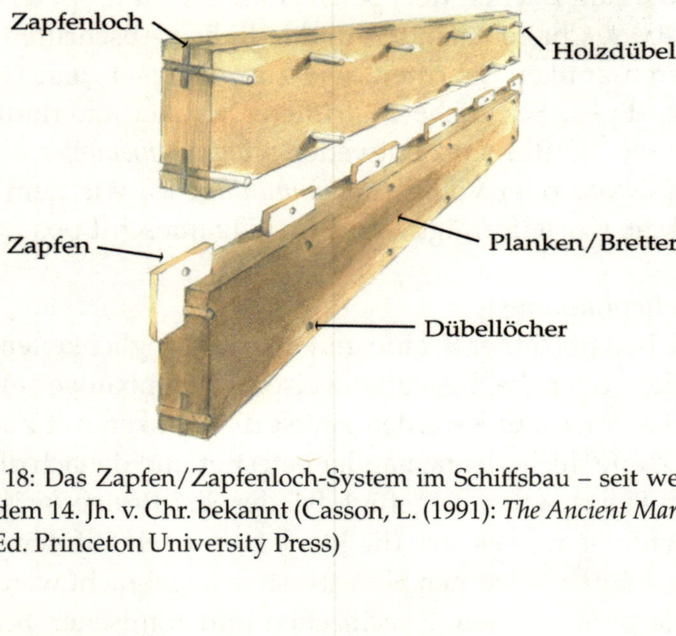

Abb. 18: Das Zapfen/Zapfenloch-System im Schiffsbau – seit wenigstens dem 14. Jh. v. Chr. bekannt (Casson, L. (1991): *The Ancient Mariners*, 2nd Ed. Princeton University Press)

5.7.5 Ergebnis

Zusammenfassend lässt sich feststellen, dass die Arche auf keinen Fall ein kleines Holzboot mit Kajüte war. Sie sah aber auch nicht einfach wie ein riesiger Schuhkarton aus.

---

werk, *Historíai*, beschreibt er in 40 Büchern die Geschichte Roms vom Beginn des Ersten Punischen Krieges bis zur Zerstörung Karthagos und Korinths.

Abb. 19: Doppelbeplankung der äußeren Archenwand nach dem Zapfen/Zapfenloch-System (Creation Museum, Petersburg, USA)

Die Kanten der Arche waren wahrscheinlich abgerundet, der Bug unter Wasser etwas nach vorne gezogen und am Heck befand sich vielleicht ein Windfang auf dem Dach. Sie war außerordentlich stabil gebaut, und ihre Maße waren so optimal, dass das Schiff ruhig schwimmen konnte und nie die Gefahr des Kenterns bestand.

Abb. 20: Die Arche geöffnet. Wahrscheinlich hat Noah an einigen Stellen nicht nur Treppen, sondern auch Rampen in die Arche eingebaut, um die verschiedenen Etagen besser erreichen zu können.

5.7.6 Das Aussehen der Arche – eine Möglichkeit

Das Querschlagen (d. h. der Schiffsrumpf stellt sich quer zum Wind und zu den Wellen) der Arche kann vermieden werden, wenn am Bug des Schiffs ein Windfang angebracht ist und das Schiff am Heck weiter ins Wasser ragt. Die Arche richtet sich dann wie eine Wetterfahne im Wind aus.

Ein Mensch zum Größenvergleich

„Und Noah tat nach allem, was der HERR ihm geboten hatte“ (1. Mose 7,5).

Lit.: Alle Zeichnungen in Kapitel 5 wurden nach Lovett, T. (2009): *Noah's Ark - Thinking outside the Box*, MasterBooks, angefertigt.

Eine kegelförmige Heckverlängerung sorgt für eine sichere aber auch komfortable Reise. Die Arche musste nicht schnell fahren und auch kein bestimmtes Ziel erreichen, sondern sie „fuhr (hebr. *jalak*: gehen) auf der Fläche der Wasser“ (1. Mose 7,18).

Die Lichtöffnung (s. Kap. 5.5.1) im ganzen Dach der Arche

Wie bei einem Kamin könnte über diesen freien Raum der Luftaustausch stattgefunden haben.

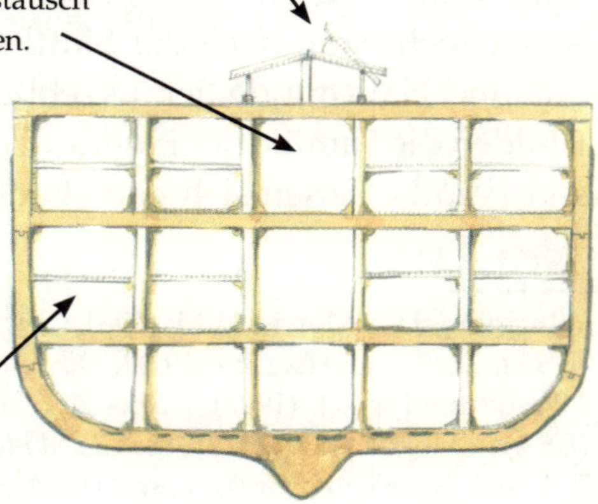

Die Arche im Querschnitt. Vielleicht hat Noah Zwischendecks eingebaut. Dadurch könnten mehr Tiere untergebracht und die Tiere besser versorgt werden.

6 Passten alle Tiere in die Arche?

Andere Einwände gegen den biblischen Sintflutbericht beschäftigen sich mit der Frage, wie alle Tiere in die Arche gebracht werden konnten und ob überhaupt genug Platz für alle Tiere in der Arche war. Bei einer lokalen Flut, zum Beispiel in der Nähe von Mesopotamien, wäre es sicher keine große Schwierigkeit, ein paar Tiere einzusammeln und in die Arche zu bringen. Doch bei einer weltumspannenden Flut ist das etwas vollkommen anderes. Darum ist von grundlegender Bedeutung, welche Tiergruppen Noah mit in die Arche nehmen musste und wie die Tiere zur Arche kamen. Als weiterführende Literatur seien die folgenden Bücher empfohlen: *Die Sintflut* sowie *Noah's Ark: A Feasibility Study*, *The Global Flood* und *Noah's Ark*.[60]

Nahm Noah alle damals existierenden Tierrassen mit in die Arche? Sicher nicht! Es gibt heute zum Beispiel über 340 Hunderassen.[61] Das wären schon 680 Tiere gewesen. Noah nahm vielleicht nur ein Paar „Urhundeartige" mit, aus dem sich dann nach der Sintflut die Füchse, Kojoten, Wölfe und Haushunde herausgebildet haben könnten. Sie alle bilden die Familie der Hunde (Canidae). Viele Vertreter dieser Familie lassen sich auch heute noch untereinander

---

[60] Whitcomb, J.C., Morris, H.M. (1961): *The Genesis Flood*, Phillipsburg (USA). Deutsche Ausgabe (1977): *Die Sintflut*, Neuhausen-Stuttgart. – Woodmorappe, J. (1997): *Noah's Ark: A Feasibility Study*, El Cajon (USA). – Morris, J. D. (2012): *The Global Flood*, Dallas (USA). – Lovett, T. (2009): *Noah's Ark*, Green Forest (USA).

[61] Laut Fédération Cynologique Internationale 2010.

kreuzen. Dagegen sind alle Züchtungsversuche zwischen Hund und Katze nicht geglückt, da sie aus verschiedenen biologischen Familien stammen. Auf der anderen Seite schränkt die Bibel die mitzunehmenden Tiere auch nicht auf domestizierte Tiere ein.

Doch der Reihe nach: Um die Frage nach der Anzahl der Tiere zu beantworten, müssen zunächst drei Punkte geklärt werden:

- Was bedeutet der biblische Begriff „Art" (hebr. *min*)?
- Wie viele „Tierarten" gibt es heute und wie viele gab es zur Zeit Noahs?
- Wie viele Tiere musste Noah tatsächlich mitnehmen?

6.1 Der biblische Begriff „Art"

Der Begriff „Art" (hebr. *min*) tritt nicht nur im Schöpfungsbericht (1. Mose 1,11.12.21.24.25) und im Sintflutbericht (1. Mose 6,20; 7,14) auf, sondern er begegnet uns auch noch einige Male später im Alten Testament[62]. Nach dem Schöpfungsbericht schuf Gott demnach nicht *eine* Urpflanze, aus der sich alle anderen Pflanzen entwickelten, ebenso wenig nur *ein* Urtier. Auf der anderen Seite schuf Gott aber auch nicht unzählbar viele Tierrassen, sondern Pflanzen und Tiere „nach ihrer Art", das heißt viele verschiedene Pflanzen- und Tierarten bzw. deren Gattungen oder Familien. Mit Art, Gattung und Familie werden Lebewesen in einen bestimmten Rang eingeordnet. Dabei bilden mehrere Arten eine Gattung und mehrere Gattungen eine Familie.

Doch was muss nun unter einer „Art" verstanden werden? Der Ausdruck „nach seiner Art" hat zunächst mal

---

[62] 3. Mose 11,14-16.19.22.29; 5. Mose 14,13-15.18; Hesekiel 47,10.

nichts mit der Tatsache zu tun, dass jedes Tier eine besondere, spezifische Eigenart hat. Wenn Gott zum Beispiel am sechsten Schöpfungstag alle „Tiere der Erde nach ihrer Art" machte, bedeutet das, dass Gott alle verschiedenen Arten von Landtieren erschuf.

Der biblische Begriff „Art" ist aber auch kein Synonym für „Rassen". So erschuf Gott nicht ein Pudel-, ein Schäferhund- und ein Bernhardinerpärchen etc., sondern nur ein (vielleicht auch mehrere) hundeartiges Pärchen mit einer großen Variationsmöglichkeit, sodass sich daraus, je nach Lebensraum, die verschiedenen Rassen spezialisieren konnten. Von Adam sagt die Heilige Schrift, dass er „Namen gab allem Vieh und den Vögeln des Himmels und allen Tieren des Feldes" (1. Mose 2,20). Das wäre sicher schon aus Zeitgründen unmöglich gewesen, wenn es damals schon zigtausend Rassen gegeben hätte. Vielleicht ist in diesem Fall unter dem Begriff „Art" die Familie der Hunde zu verstehen, dann würden sogar Fuchs, Wolf und Kojote auch noch dazugehören (siehe auch Abb. 22). Auf der anderen Seite ist der biblische Artbegriff sicher nicht identisch mit der heutigen gängigen biologischen Definition einer „Art": „Populationen, die sich tatsächlich oder potenziell kreuzen, fruchtbare Nachkommen haben und von anderen fortpflanzungsbiologisch isoliert sind, bilden eine biologische Art".[63]

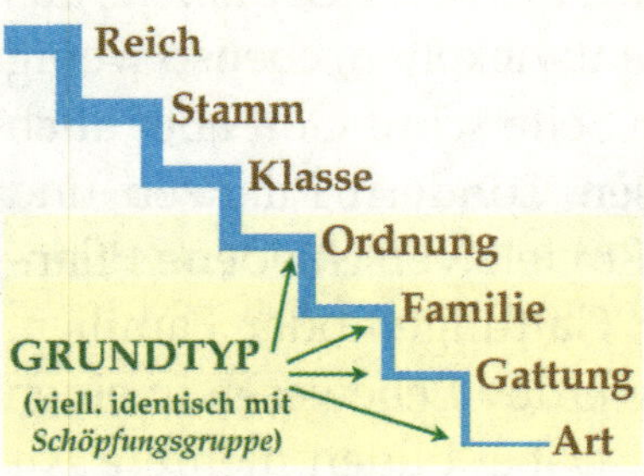

Abb. 21: Grundtypen können mit Familien, Gattungen und Arten zusammenfallen. Vielleicht manchmal auch mit Ordnungen.

Im Schöpfungsbericht und auch im Sintflutbericht sind

[63] *Biologie Oberstufe*. Cornelsen 2009. S. 272.

demnach *Schöpfungsgruppen* gemeint, deren genauer Umfang uns heute weitestgehend nicht mehr bekannt und zugänglich ist. Da jedoch auch in unseren Tagen ohne Zweifel neue Arten entstehen (zum Teil unter Mithilfe des Menschen), die nicht mehr mit ähnlichen Formen gekreuzt werden können, obwohl das vor Kurzem noch möglich war, muss eine biblische Schöpfungsgruppe in der Regel breiter gewesen sein als eine heutige biologische Art. Das bedeutet nicht, dass in diesem Buch die Evolutionslehre

Abb. 22: „Vier Arten aus der Familie der Fasanenartigen (*Phasianidae*), die durch Kreuzungen miteinander verbunden sind. Der Jagdfasan (*Phasianus colchicus*) gehört zur Unterfamilie der Fasanen, ebenso der Königsfasan (*Syrmaticus reevesii*) und das Haushuhn (*Gallus domesticus dom.*). Dagegen rechnet man das Truthuhn (*Meleagris gallopavo*) zur Unterfamilie der Truthühner (*Meleagridinae*)." Diese vier Arten gehören also zu ***einem*** Grundtyp. „Die Stockente (*Anas platyrhynchos)* gehört zu einer anderen Ordnung, den Gänsevögeln (*Anseriformes*) … von ihr sind keine Kreuzungen mit irgendwelchen Angehörigen der Hühnervögel, jedoch viele Kreuzungen mit anderen Entenvögeln bekannt geworden. Damit gehört die Stockente nicht zum gleichen Grundtyp wie die vier Hühnervögel." Lit.: Siehe Fußnote 64.

vertreten wird. Eine Variation in der Breite, also Spezialisierung, lässt die Bibel ohne Weiteres zu und wird ständig beobachtet. Dabei entsteht aber keine neue Information. Im Gegenteil: Eine solche Spezialisierung geht häufig mit einer Genpoolverarmung einher. Denn jedes Lebewesen besitzt eine bestimmte Menge an genetischer Information (Gene). Die Gesamtheit aller Gene von allen Tieren mit ihren „kleinen Unterschieden" in einer Population ist der Genpool. Bei Spezialisierung verringert sich in der Regel die Gesamtinformation im Erbgut, da Varianten verlorengehen.

Eine Entwicklung von Schöpfungsgruppe zu Schöpfungsgruppe lehnt der Autor entschieden ab. Dabei müsste nämlich durch Evolution neue Information entstehen. Das jedoch ist bis heute nicht beobachtet worden. Unter dem biblischen Artbegriff muss deshalb eine Schöpfungsgruppe verstanden werden, zu der verschiedene Tierarten und Tiergattungen, evtl. sogar verschiedene Tierfamilien mit reicher Variationsmöglichkeit gehören.[64] Dabei lassen sich die verschiedenen Schöpfungsgruppen untereinander nicht kreuzen. Deswegen benutzt die Bibel auch für „Arten", die sich kreuzen lassen, ein anderes Wort, nämlich das hebräische Wort *kilajim*. Demnach existier(t)en erheblich weniger Schöpfungsgruppen als heutzutage biologische Arten.[65] Doch wie viele solche Schöpfungsgruppen gab bzw. gibt es?

---

[64] Zum Beispiel 3. Mose 19,19: „Vieh von *zweierlei Art* sollst du sich nicht begatten lassen; dein Feld sollst du nicht mit *zweierlei (Art)* Samen besäen" und 5. Mose 22,9: „Du sollst deinen Weinberg nicht mit *zweierlei (Art)* Samen besäen".

[65] Zur Vertiefung dieses Themas siehe Junker, R., Scherer, S. (2013): *Evolution ein kritisches Lehrbuch,* II.3: Artbegriffe und Taxonomie, S. 27–38. Aus S. 34-35 stammt das Zitat zur Erklärung von Abb. 21.

6.2 Wie viele bekannte Tierarten gibt es?

Die folgenden Tabellen, *Vertebrata* und *Invertebrata*, geben die Anzahl der heute bekannten Tierarten, Tiergattungen und Tierfamilien wieder.

Tiere	*Arten*	*Gattungen*	*Familien*	*Mussten in die Arche*
Vertebrata (Wirbeltiere)				
Säugetiere[66]	4.785	1.142	137	alle (außer Wale, Delfine)
Vögel[67]	10.534	2.276	240	alle (außer Seevögel?)[68]
Reptilien[69]	9.766	1.012	60	alle (außer Dinosaurier?)[70]
Amphibien[71]	7.117	539	74	viele
Fische (inkl. Rundmäuler)	32.000	–	504	keine
Summe (Vertebrata)	**64.202**	**4.969**	**1.015**	

66 *Die Enzyklopädie der Tiere* (2007), National Geographic, S. 62.

67 http://www.worldbirdnames.org [20.9.2014].

68 Seevögel (z. B. Pinguine, Alkenvögel, Entenvögel) verbringen in der Regel nur 10 % ihres Lebens an Land. Sie hätten demnach nicht in die Arche gemusst.

69 http://www.reptile-database.org/db-info/SpeciesStat.html [10.4.2013].

70 Siehe Drüeke, S. (1994): *Zurück in die Zeit der Dinosaurier*, S. 66-69.

71 http://amphibiaweb.org/lists/index.shtml [10.4.2013].

72 http://www.fishbase.org [10.11.2012]; *Die Enzyklopädie der Tiere* (2007), National Geographic, S. 450.

Tiere	*Arten*	*Familien*	*Mussten in die Arche*
Invertebrata (Wirbellose Tiere)			
Manteltiere[73] (z. B. Seescheiden)	>2.000	47	keine
Stachelhäuter[74]	6.000	145	keine
Gliederfüßer[75] (z. B. Insekten, Spinnentiere)	>1.100.000	2.120	vielleicht einige; siehe Kap 9.3.
Weichtiere[76] (z. B. Muscheln)	75.000	232	keine
Krebstiere[77]	42.000	540	keine
Platt- und Fadenwürmer[78]	>33.000	545	ganz wenige
Ringelwürmer[79]	12.000	130	ganz wenige
Hohltiere[80] (Nesseltiere u. Rippenquallen)	9.000	236	keine
Schwämme[81]	9.000	80	keine
Einzeller[82]	27.000	–	keine
Summe (Vertebrata + Invertebrata)	**>1.379.202**	**5.090**	

73 *Die Enzyklopädie der Tiere* (2007), National Geographic, S. 518.

74 Ebd., S. 583.

75 Ebd., S. 534.

76 Ebd., S. 525.

77 Ebd., S. 546.

78 Ebd., S. 523–524.

79 Ebd., S. 532.

80 http://www.naturhistorisches-museum.de/wirbel.html [8.2.2011]; Burnie, D. (2001): *Tiere*, Dorling Kindersley.

Auf der Erde leben schätzungsweise 8 bis 40 Millionen Tierarten, einige Wissenschaftler sprechen sogar von 100 Millionen Tierarten. Doch beschrieben sind derzeit etwa 1,3 Millionen von ihnen. Die großen Unterschiede in den Schätzungen beruhen zum Teil auf Ergebnissen einzelner Studien, die hochgerechnet werden, und zum anderen auf unterschiedlichen Artbegriffen.

6.3 Tiere, „in denen Odem ist"

Hätte Noah tatsächlich diese unüberschaubare Menge an Tierarten mit an Bord nehmen müssen, wäre es in der Arche sicher sehr eng geworden. Doch schon ein flüchtiger Blick in den biblischen Text zeigt wichtige Details: Es gab Bedingungen für die Auswahl der Tiere. Sie mussten luftatmend, Landbewohner und Vertreter jeweils einer biblischen Art sein (1. Mose 6,19-7,3.14-16). So gibt es neben den in der Tabelle aufgeführten Wasserlebewesen eine größere Zahl an Tieren, die außerhalb der Arche die Sintflut überleben konnten. Dazu zählen einige Säugetiere (Wale, Delfine, Seehunde, Walrosse etc.), einige Amphibien, einige Gliederfüßer (Garnelen, Krabben, einige Insekten u. a.) und viele der ca. 55.000 Wurmarten. Außerdem zählt die überwiegende Anzahl der aufgelisteten Tiere zum Tierstamm der Gliederfüßer (ca. 1,1 Millionen), die in der Regel sehr klein sind und wenig Platz benötigen. Darüber hinaus ist fraglich, ob Wirbellose (zu denen die Gliederfüßer gehören) überhaupt in der Arche waren.

Mit an Bord mussten nach dem Bericht in 1. Mose 7,15 die Land- und Lufttiere, *in denen Odem ist*. Damit sind

---

[81] *Die Enzyklopädie der Tiere* (2007): National Geographic, S. 519.

[82] http://www.naturhistorisches-museum.de/wirbel.html [8.2.2011].

wahrscheinlich nur die lungenatmenden Tiere gemeint, nicht dagegen tracheenatmende Landtiere wie Landinsekten. Auch Insekten benötigen Sauerstoff und müssen atmen. Doch atmen sie nicht durch Mund und Nase wie Wirbeltiere und der Mensch, sondern sie besitzen Tracheen, röhrenartige Kanäle, durch welche die Luft transportiert wird. Diese relativ starren Kanäle beginnen nicht beim Insektenmund, sondern sind kleine Atmungsöffnungen („Stigmen"), die sich in der Epidermis (Oberhaut, die bei Insekten aus nur einer Lage Zellen besteht) befinden. Von dort aus durchziehen die Tracheen den gesamten Körper, verästeln sich in immer kleinere Röhrchen, um alles Gewebe zu erreichen. Aber nicht alle Insekten besitzen Tracheen. Einige im Wasser lebende Insekten kommen ganz ohne aus und atmen ausschließlich über die Haut.

Wenn der Beisatz „in dem ein Hauch des Lebens war" (1. Mose 7,15) also nicht unterscheiden will zwischen Lungenatmern (Wirbeltiere) und tracheenatmenden Landinsekten – was soll dann gemeint sein? Der Nachsatz könnte dann nur noch bedeuten, dass es sich um lebende Tiere – solche, die atmen – handelt. Doch ergibt das Sinn? Noah wäre sicher nie auf die Idee gekommen, tote Tiere mitzunehmen. Auch aus biologischen Gesichtspunkten hätten die Wirbellosen nicht in die Arche gemusst, denn viele sind in der Lage, etwa auf schwimmenden Vegetationsresten oder durch Dauerstadien, wie zum Beispiel widerstandsfähige Eier, zu überleben. Ist es wirklich unrealistisch anzunehmen, dass die wirbellosen Tiere auch außerhalb der Arche überleben konnten?

Nach dem biblischen Bericht sowie aufgrund biologischer Fakten können die Wirbellosen (Insekten, Krebse, Spinnen, Würmer, Weichtiere usw.) deshalb bei den nachfolgenden Abschätzungen wahrscheinlich außer Acht gelassen werden.[83] So bleiben theoretisch noch ungefähr 32.300 Tierarten (4.800 Säugetierarten, 10.500 Vogelarten, 9.800 Reptilienarten und 7.200 Amphibienarten) übrig, die mit in die Arche genommen werden mussten.

6.4 Unreine und reine Tiere

Von allen Landtieren und Vögeln musste je ein Paar (von den wenigen reinen Tierarten je sieben Paare) in die Arche. So heißt es zum einen: „Von allem Lebendigen, von allem Fleisch, je zwei von allen sollst du in die Arche bringen, um sie mit dir am Leben zu erhalten; männlich und weiblich sollen sie sein. Von den Vögeln nach ihrer Art und vom Vieh nach seiner Art, von allem Gewürm des Erdbodens nach seiner Art: Je zwei von allen sollen zu dir hineingehen, um am Leben zu bleiben“ (1. Mose 6,19.20), und etwas später: „Von allem reinen Vieh sollst du sieben und sieben zu dir nehmen, ein Männchen und sein Weibchen; und von dem Vieh, das nicht rein ist, zwei, ein Männchen und sein Weibchen; auch von den Vögeln des Himmels sieben und sieben, männlich und weiblich: um Nachkommen am Leben zu erhalten auf der Fläche der ganzen Erde“ (1. Mose 7,2.3). Das ist kein Widerspruch, wie manchmal behauptet wird, sondern eine Ergänzung. Die Regel war, dass Gott von jedem Tiergrundtyp ein Paar zur Arche führte und Noah und seine Familie sie in die entsprechenden Kammern der Arche brachten, damit sie durch die Sintflut nicht ausstarben. Deshalb der Nachsatz „um Nachkommen am Leben zu erhalten“. Später bekommt Noah noch den ergän-

---

[83] Hartmann, F. und Junker, R. (1990): *Passten alle Tiere in die Arche Noah?*, Diskussionsbeitrag 4/90 Wort und Wissen; Zahlen aktualisiert.

zenden Auftrag, dass er von allen reinen Tiergrundtypen je *sieben* Paare – also noch je sechs weitere Paare – mit in die Arche nehmen sollte. Es ist das erste Mal, dass in der Bibel von reinen und unreinen Tieren die Rede ist.

Wahrscheinlich wird sich folgendes Szenario abgespielt haben. Von den reinen wie auch von den unreinen Tieren wurde je ein Paar von Gott zu Noah in die Arche geschickt, um am Leben zu bleiben. Diese Tiere zur Arterhaltung wurden von Gott ausgewählt und durch Gott kamen sie paarweise zur Arche. Noah konnte demnach sicher sein, dass auch die „richtigen" Tiere mit an Bord waren, das heißt Tiere des richtigen Geschlechts, die die Archenfahrt überleben würden und auch zeugungsfähig waren. Das galt für die unreinen wie für die reinen Tiere und wird in den Versen 8-9 beschrieben. Nur Gott ist der Geber und Erhalter des Lebens (siehe z. B. 1. Timotheus 4,10). Noah nahm dann die Tiere zu sich und führte sie zu den entsprechenden Kammern (1. Mose 7,2b.3).

Die zusätzlichen reinen Tiere, die zweifelsfrei rein zum Opfern und nicht zum Essen waren, wurden *vielleicht* von Noah ausgewählt und von ihm in die entsprechenden Kammern der Arche gebracht (1. Mose 7,2a). Jedenfalls steht im biblischen Text in keinem der angeführten Verse, dass Gott diese zusätzlichen Tiere zur Arche schickte, sondern nur, dass Noah sie zu sich nahm.

1. Mose 6,19.20 beschreibt demnach, dass der allmächtige Schöpfer-Gott die Tiere paarweise zur Arche schickte und in die Arche hineinführte. Die sechs zusätzlichen Paare der reinen Tiere werden dort nicht erwähnt. In 1. Mose 7,2.3 stellt sich Gott dagegen mit seinem Namen HERR vor, der seine persönliche Beziehung zu seinen Geschöpfen ausdrückt[84].

---

[84] Siehe dazu auch Kapitel 2.1.4: „Ein letzter Einwand".

Noah und seine Familie sollten in der Arche in Sicherheit sein und sie sollten alle Tiere, die reinen wie die unreinen, in ihre Kammern führen und versorgen. 1. Mose 7,8.9.15 betont zum Schluss, dass die Tiere geordnet in die Arche gingen.

Es gibt keinen Hinweis, wie Noah die reinen und unreinen Tiere voneinander abgrenzte, aber es zeigt, dass es schon in frühester Zeit eine Unterscheidung gab. Denn erst nach der Flut wurde den Menschen „alles, was sich auf der Erde regt, was da lebt" (1. Mose 9,3), zur Nahrung gegeben. Als Noah aus der Arche kam, opferte er aber von allem reinen Vieh und allen reinen Vögeln Brandopfer (1. Mose 7,2; 8,20). Das heißt, nicht nur bei den Landtieren gab es zur Zeit Noahs die Unterscheidung „rein" und „unrein", sondern auch bei den Vögeln. Obgleich 1. Mose 7,3 davon spricht, dass Noah von den Vögeln je sieben Paar in die Arche nehmen sollte, macht 1. Mose 6,20 doch klar, dass es sich um reine Vögel handeln musste, denn dort ist die Rede von den Tieren, die zur Arterhaltung in die Arche *hineingehen* sollten, während in 1. Mose 7,3 von den zusätzlichen Vögeln die Rede ist, die Noah zu sich *nehmen* sollte.

Später war das bei dem Volk Israel anders. Im Detail wird beschrieben, welche reinen Tiere geopfert werden konnten, welche reinen Tiere gegessen und welche unreinen Tiere nicht gegessen werden durften: Vom Vieh waren alle Tiere rein, die geteilte Hufe hatten und wiederkäuten. Von den Fischen sollten nur die gegessen werden, die Flossen und Schuppen hatten. Bei den Vögeln werden die aufgezählt, die nicht gegessen werden durften. Heutzutage zählen bei den Juden lediglich die Hühnervögel und Tauben als reine Vögel. Von den geflügelten und kriechenden Tieren, die auf allen vieren laufen, sollten nur die gegessen werden, die Schenkel haben „oberhalb ihrer Füße, um damit auf der Erde zu hüpfen“ (siehe dazu 3. Mose 11 und 5. Mose 14).

6.5 Wie viele Tiere musste Noah mitnehmen?

Rein rechnerisch wären dann – ohne Berücksichtigung der ausgestorbenen Tierarten – immer noch 190.000 Einzeltiere in der Arche gewesen. Natürlich musste Noah so viele Tiere gar nicht mitnehmen. In Kapitel 9.1 wurde schon behandelt, dass der biologische Artbegriff sich nicht mit dem biblischen Artbegriff deckt. Diese Schöpfungsgruppen (andere Autoren sprechen auch von *Grundtypen*) entsprechen wohl eher der biologischen Gruppe „Gattung“ und/oder „Familie“. So bleiben etwa 4.925 *Gattungen* der Wirbeltiere bzw. 504 *Familien* der Wirbeltiere übrig. Geht man davon aus, dass ein Großteil der existierenden Tiergattungen und Tierfamilien ausgestorben sind – wahrscheinlich erst nach der Sintflut –, erhöht sich ihre Anzahl vielleicht auf ungefähr 9.000 Gattungen bzw. 1.000 Familien. Die Gesamtzahl der „Reisetiere“ lag dann zwischen *52.400* (wenn sich der biblische Ausdruck „Tiere nach ihrer Art“ ausschließlich auf Gattungen bezieht) und *7.700* (wenn mit „Art“ Familien gemeint sind). Dabei wurde schon die Angabe der Bibel berücksichtigt, dass in der Regel je ein Landtierpaar und je sieben Vogelpaare – nur sehr wenige Vögel zählten zu den unreinen Tieren – die Arche betraten. Die wenigen reinen Landtiere, die zu je sieben Paaren in die Arche gingen, blieben unberücksichtigt. Für die genaue Berechnung siehe die folgende Tabelle. Nach John Woodmorappe[85] lag

[85] Woodmorappe, J. (1997): *Noah's Ark: A Feasibility Study*, El Cajon (USA), S. 16. Er zählt einschließlich der ausgestorbenen Tiere etwa 8.000 verschiedene Gattungen.

unter Berücksichtigung all dieser Fakten die Anzahl der mitzunehmenden Tiere bei etwa 16.000.

Tierart	*Gattungen*	*Familie*[86]
	rezent[87] *+ fossil = insgesamt*	*rezent + fossil = insgesamt*
Säugetiere	1.142 + 2.130[88] = 3.272	137 + 150 = 287
Vögel	2.232 + 639[89] = 2.871	233 + 240 = 473
Reptilien	1.012 + 1.050[90] = 2.062	60 + 60 = 120
Amphibien	539 + 237[91] = 776	74 + 60 = 134
Gesamt	8.981	1.014

	insgesamt x Tierpaare	*insgesamt x Tierpaare*
Säugetiere	3.272 x 2 = 6.544	287 x 2 = 574
Vögel	2.871 x 14 = 40.194	473 x 14 = 6.622
Reptilien	2.062 x 2 = 4.124	120 x 2 = 240
Amphibien	776 x 2 = 1.552	134 x 2 = 268
Gesamt	52.414	7.704

---

86 Daten für die Anzahl fossiler Tierfamilien zu bekommen, ist erheblich schwieriger. Schätzungsweise gibt es doppelt so viele fossile Wirbeltierfamilien wie rezente. Bei den Vögeln ist die Anzahl aber erheblich geringer. Die Zahlen sind deshalb sehr grob geschätzt. Siehe Lehmann, U. (1996): *Paläontologisches Wörterbuch*, 4. Aufl.

87 Unter *rezent* werden alle Lebewesen verstanden, die in der heutigen Zeit leben oder vor Kurzem – also seit dem Holozän – ausgestorben sind. Unter *fossil* versteht man alle Lebewesen, die vor dem Holozän ausgestorben sind.

88 Müller, A.H. (1989): *Lehrbuch der Paläozoologie*, Band III/3, S. 14-15.

89 Müller, A.H. (1989): *Lehrbuch der Paläozoologie*, Band III/2, S. 12-13.

90 Müller, A.H. (1989): *Lehrbuch der Paläozoologie*, Band III/2, S. 561-562.

91 Müller, A.H. (1989): *Lehrbuch der Paläozoologie*, Band III/1, S. 459-460.

6.6 War die Arche groß genug, um alle diese Tiere aufzunehmen?

Wie beschrieben, hatte die Arche eine Gesamtlagerfläche von mindestens 9.100 m², das sind etwa 30 % mehr als die Fläche eines Fußballfeldes, und ein Raumvolumen von 40.075 m³, wenn die kürzeste bekannte Elle zugrunde gelegt wird.

Abb. 23: Ein Größenvergleich! Die Arche passt von ihrer Länge nicht ins Stadion Camp Nou in Barcelona und überragt die Spielfläche um etwa 40 m. Dieses zurzeit größte Fußballstadion Europas bietet 99.354 Zuschauern Platz und hat eine Spielfläche von 105 x 68 m.

Um eine ungefähre Vorstellung zu bekommen, wie hoch der Platzbedarf der Tiere in der Arche war, werden im Folgenden einige Zahlen aus der Güterbeförderungsvorschrift[92] angeführt. Danach müssen pro ungeschorenem Schaf 0,3–0,4 m² Bodenfläche und pro Vogel (mit ca. 5 kg Gewicht) 0,06 m² Bodenfläche zur Verfügung gestellt

[92] *Handbuch Tiertransporte* (Stand Mai 2013); www.mugv.brandenburg.de/v/lbsvet/TEILD/D1_4_8_2.PDF [20.9.2014].

werden. Für Reptilien und Amphibien existieren keine Vorschriften. Sie sind im Durchschnitt aber viel kleiner als Schafe, deshalb wird für sie eine Bodenfläche von 0,2–0,3 m^2 (Richtwert für ein geschorenes Lamm) angenommen. Der Raumbedarf eines Säugetiers wird mit 1,5 m^3, der eines Vogels mit 0,125 m^3 und der für Reptilien und Amphibien mit 1 m^3 angesetzt. Das ist sehr großzügig gerechnet, da die meisten Wirbeltiere bekanntermaßen kleiner sind als ein Schaf. Damit ergeben sich folgende Werte:

Durchschnittlicher Platzbedarf / Tier	**Fläche**	**Volumen**
Säugetiere	0,4 m^2	1,5 m^3
Vögel (5 kg)	0,06 m^2	0,125 m^3
Reptilien und Amphibien	0,3 m^2	1,0 m^3

Um den Platzbedarf der in der Arche mitreisenden Tiere abschätzen zu können, mussten noch einige sinnvolle Annahmen gemacht werden:

- Große Tiere wurden als Jungtiere mitgenommen. Das macht nicht nur aus Platzgründen Sinn, denn die Tiere sollten nach der Archenfahrt Nachkommen zeugen können. Sie durften demnach nicht zu alt sein.
- Nur 11 % der mitgenommen Tiere waren größer als ein Schaf.
- Die mittlere Größe aller Tiere lag in der Größenordnung einer kleinen Ratte.
- Noah hatte nicht Rassen oder Arten, sondern Gattungen oder Familien bzw. Grundtypen oder Schöpfungsgruppen mitgenommen.
- Im Wasser lebende Tiere mussten nicht in die Arche.

Wenn Noah ***7.700*** Tiere mitgenommen hätte, wäre folgender Platz notwendig gewesen:

Anzahl Tiere	**benötigte Fläche**	**benötigtes Volumen**
574 Säugetiere	230 m²	861 m³
6.622 Vögel	400 m²	830 m³
508 Reptilien und Amphibien.	152 m²	508 m³
Insgesamt benötigt	***782 m²***	***2.199 m³***
Tatsächlich vorhanden	***9.108 m²***	***40.075 m³***

Wenn Noah ***52.400*** Tiere mitgenommen hätte, wäre folgender Platz notwendig gewesen:

Anzahl Tiere	**benötigte Fläche**	**benötigtes Volumen**
6.544 Säugetiere	2.618 m²	9.816 m³
40.194 Vögel	2.412 m²	5.024 m³
5.676 Reptilien und Amphibien	1.703 m²	5.676 m³
Insgesamt benötigt	***6.733 m²***	***20.516 m³***
Tatsächlich vorhanden	***9.108 m²***	***40.075 m³***

Fred Hartmann und Reinhard Junker errechneten ein notwendiges Raumvolumen von 7.350 m³ und John Woodmorappe kam auf eine Auslastung von ca. 25 % der Arche durch die mitgenommenen Tiere.[93]

Alle diese Abschätzungen und Berechnungen zeigen, dass die Glaubwürdigkeit des biblischen Berichts über die Arche nicht angezweifelt werden kann. Es gab keine Platzprobleme! In der Arche war sogar noch genug Platz für den Auslauf der Tiere sowie für Lebensmittel und Wasser. Beides hätte sogar in unmittelbarer Umgebung der Kammern gelagert werden können.

6.7 Einwände

Oft wird behauptet, die angegebenen Zahlen über die mitgenommen Tiere seien falsch. Diese Zahlenproblematik ist aber gleichermaßen für Kritiker und Befürworter des biblischen Archeberichts eine Schwierigkeit. Niemand weiß wirklich, wie viele Grundtypen es zur Zeit Noahs gab. Diese Zahlen lassen sich nur abschätzen. Und deshalb wird kein Wissenschaftler in der Lage sein, die genaue Anzahl der in der Arche mitgenommenen Tiere zu berechnen. Es lassen sich unter bestimmten Annahmen Plausibilitätsprüfungen durchführen – und genau das ist in Kap. 6.2-6 geschehen. Die dazu verwendeten Zahlen sind ausschließlich neuester Literatur aus den Jahren 2007 bis 2013 entnommen.

An anderer Stelle wird der Grundtypenbegriff kritisiert. Warum? Tiere in „Arten" einzuteilen, ist eine Möglichkeit, eine von Menschen formulierte Definition, aber keine unumstößliche Tatsache. Ebenso gut lassen sich die Tiere in

---

[93] Hartmann, F., Junker, R. (1990): *Passten alle Tiere in die Arche Noah?*, Diskussionsbeitrag 4/90 Wort und Wissen; Zahlen aktualisiert. Woodmorappe, J. (1997): *Noah's Ark: A Feasibility Study*, El Cajon (USA), S. 16.

Grundtypen oder Schöpfungsgruppen einteilen. Definitionen können nicht falsch oder richtig sein, sie können sinnvoll oder unsinnig sein – mehr aber auch nicht.

Wir haben vorhin schon festgestellt, dass der Bibeltext zwei verschiedene hebräische Wörter für „Art“ benutzt und dass er damit unterscheidet zwischen Arten, die sich kreuzen lassen, und solchen, die sich nicht kreuzen lassen. Das im Schöpfungsbericht und im Sintflutbericht verwendete hebräische Wort bedeutet, dass sich diese „Arten“ nicht kreuzen lassen. Das zeigt, dass es sich dort um *Schöpfungsgruppen* bzw. *Grundtypen* handeln muss. Die Schwierigkeit besteht heute darin, genau zu bestimmen, welche Tiere zur gleichen Schöpfungsgruppe gehören. Die Zuordnung zu einer biologischen Art ist allerdings auch nicht immer klar und eindeutig[94] – besonders dann, wenn es sich um ausgestorbene Arten bzw. fossilisierte Lebewesen handelt, da in solchen Fällen Kreuzungsversuche nicht mehr durchgeführt werden können.

---

[94] Isaac, N. J., Mallet, J., Mace, G. M. (2004): *Taxonomic inflation: its influence on macroecology and conservation*. In: *Trends in Ecology and Evolution*, Band 19, Nr. 9, S. 464–469.

7 Außerhalb der Arche

7.1 Passten Dinosaurier in die Arche?

Wenn Noah Dinosaurier an Bord hatte, wird er sicher keine ausgewachsenen und damit alten Tiere mitgenommen haben. Die Tiere sollten ja noch zeugungsfähig sein und auch den Stress einer solchen Archenfahrt überleben. Er wird Jungtiere mitgenommen haben, die noch nicht sehr groß waren. Denn wie alle Reptilien wuchsen Dinosaurier ihr Leben lang.

Viel wahrscheinlicher aber ist, dass die riesigen Dinosaurier auch als Jungtiere gar nicht in der Arche waren und als Wassertiere überleben konnten. So ist interessant, dass die Bibel sowohl die großen pflanzenfressenden als auch die fleischfressenden Dinosaurier, das heißt Behemot und Leviatan, als Wassertiere bezeichnet. Von Behemot

Abb. 24: Dinosauriermuseum Lufeng in der Provinz Yunnan (China) mit zahlreichen jurassischen Dinosauriern

heißt es, dass er „der Anfang der Wege Gottes“ ist, und der Leviatan liegt „im Versteck von Rohr und Sumpf“ (Hiob 40,19.21).

Selten findet sich an einem Fundort nur ein einziges Dinosaurierfossil. Dagegen gibt es weltweit Dinosaurierfriedhöfe. In Howe Quarry (Wyoming, USA) wurden 4.000 fossilisierte Dinosaurierknochen freigelegt. In Montana (USA) wurden 10.000 fossilisierte Knochen von Entenschnabeldinosauriern entdeckt. In Lufeng (China) wurden über 100 komplette Dinosaurierskelette ausgegraben (Abb. 23). Nach heutigem Kenntnisstand müssten diese Fossilien nachsintflutlich entstanden sein, da in den gleichen Schichten auch fossilisierte Dinosauriernester in verschiedenen übereinanderliegenden Ebenen vorkommen. Eine so hohe Populationsrate ist aber in früher nachsintflutlicher Zeit schwer zu erklären, wenn die großen Dinosaurier nicht außerhalb der Arche überlebt haben.[95]

Abb. 25: Dinosauriernest aus der Henan Province (China)

[95] Weitere Informationen siehe: Drüeke, S. (1994): *Zurück in die Zeit der Dinosaurier*, S. 97-98.

7.2 Wie konnten die Fische überleben?

Ob der Urozean vor der Flut den gleichen Salzgehalt hatte wie heute bzw. ob es überhaupt Gewässer mit verschiedenen Salzkonzentrationen gab, ist nicht bekannt. Unbekannt ist auch der Salzgehalt der Quellen der großen Tiefe. Sollte es vor der Sintflut aber schon Salzwasser- und Süßwasserbereiche gegeben haben, stellt sich die Frage, wie die Fische während der Sintflut überleben konnten, denn durch eine globale Flut wurden natürlich die Gewässer gemischt. Salzwasserfische kämen dann mit Süßwasser in Berührung und umgekehrt. Meeresfische würden im Süßwasser durch Osmose Wasser aufnehmen; Süßwasserfische würden dagegen in salzigem Wasser Körperflüssigkeit verlieren.

Das Eindringen eines Stoffes, meistens Wasser, durch eine halbdurchlässige Membran nennt man Osmose, dieser Begriff stammt aus dem Griechischen (*osmos* = Eindringen). Eine solche Membran ist nur für „kleine Stoffe" durchlässig. Deshalb kann Wasser durch die Membran wandern, die im Wasser gelösten Salze und Zucker in der Regel nicht. Diese Moleküle sind nämlich viel größer als die Wassermoleküle. Die Salzlösungen außerhalb und innerhalb der Membran haben das Bestreben, einen Konzentrationsausgleich zu erreichen. Deshalb fließt das Wasser immer vom Ort des niedrigeren Salzgehalts zum Ort des höheren Salzgehalts, bis es zum Konzentrationsausgleich kommt.[96]

---

[96] Zum Beispiel lässt sich an Kirschen der Vorgang der Osmose sehr gut beobachten. Ihre Außenhaut ist eine halbdurchlässige Membran. Bei den reifen Kirschen ist sehr viel Zucker im Inneren der Kirsche gelöst. Durch Regentropfen, in denen kaum Salze gelöst sind, kann die Kirschhaut platzen. Denn das Wasser der Wassertropfen auf der

Von den heute 30.000 bekannten Fischarten leben etwa die Hälfte im Süßwasser und die andere Hälfte im Salzwasser. Alle Fische verfügen dabei über spezielle Mechanismen, um sich dem Salzgehalt des Wassers anzupassen. Die Salzkonzentration des Meerwassers ist wesentlich höher als die im Gewebe und Blut des Fisches. Wegen dieses Konzentrationsunterschiedes würde ein Meeresfisch regelrecht „leerlaufen", wäre er nicht in der Lage, die Flüssigkeit dauernd zu ersetzen. Er würde im Wasser „vertrocknen". Die Meeresfische können durch erhöhten Energieaufwand das eingedrungene Salz wieder ausscheiden; der Urin weist dann eine hohe Salzkonzentration auf. Gelangen Sägefische aus dem Salzwasser ins Süßwasser, steigern sie ihre Urinausscheidung um das 20-Fache. Meeresfische können also tatsächlich Salzwasser trinken. Oder sie entsalzen durch besondere Vorrichtungen in den Kiemen das Meerwasser so stark, dass es der Konzentration ihrer Körperflüssigkeit entspricht. Haie trinken deswegen nicht, sondern nehmen gefiltertes Wasser über die Kiemen auf.

Das Problem bei den Süßwasserfischen ist genau umgekehrt. Der Salzgehalt ihrer Körperflüssigkeit ist größer als der im umgebenden Wasser. Um den Konzentrationsunterschied auszugleichen, strömt über die Hautoberfläche laufend Wasser in sie hinein. Um nicht zu „platzen", scheidet ein Süßwasserfisch das überschüssige Wasser über die Nieren wieder aus.

Kirsche wandert deshalb in das Zellinnere der Kirsche ein, weil die Konzentration an gelösten Zuckerteilchen im Inneren viel höher ist als die Salzmenge im Tropfen. Um den Konzentrationsausgleich hinzubekommen, fließt nun sehr viel Wasser ins Kirschinnere. Die Kirschwand kann sich aber nicht beliebig ausdehnen, deshalb platzt sie auf.

Trotz dieser komplexen Abläufe können relativ viele Meeresfische wenigstens kurzfristig mit salzärmerem Wasser, zum Beispiel in den Mündungsgebieten oder Unterläufen von Flüssen, zurechtkommen. Etwa 3.000 Fischarten schaffen es sogar, langfristig in beiden Gewässern zu überleben. Manche davon wechseln ihren Lebensraum von Süßwasser nach Salzwasser: Lachs, Streifenbarsch und Atlantischer Stör. Umgekehrtes gilt für die Aale. Offenbar passen sich Fische sehr gut dem Salzgehalt an. Darum verwundert es nicht, dass viele Fischarten sowohl Salzwasser- als auch Süßwasserarten umfassen: Krötenfische, Hornhechte, Schlammfische, Störe, Heringe, Sardellen, Lachse, Forellen, Hechte. Viele Fischfamilien konnten so durch einen ausgeklügelten Stoffwechsel überleben, andere sind in der Tat ausgestorben.

Für all diese Prozesse benötigt der Körper zusätzliche Energie. Weil die benötigte Energie in den Tropen relativ zum höheren Gesamtstoffwechsel geringer ist, wandern dort mehr Arten zwischen Süß- und Meerwasser hin und her. So könnte es auch zur Zeit der Sintflut gewesen sein.

Ein abschließender Hinweis: Wird der Salzgehalt langsam verändert, sind Fische in der Lage, sich sogar sehr gut anzupassen. Große Aquarien machen sich das zunutze und können deswegen Salzwasser- und Süßwasserfische in einem Becken halten.

7.3 Wie konnten die Pflanzen überleben?

Das Überleben der Pflanzen außerhalb der Sintflut stellt kein großes Problem dar. Viele Samen schwimmen auf der Wasseroberfläche und überdauern monatelang im Feuchten, in Salzwasser sogar besser. Andere Pflanzen überleben an Treibholz, und sicher wurden auch durch Tiere viele Samen in die Arche eingeschleppt. Obwohl durch die Sintflut viele Pflanzen eingingen, haben doch einige überlebt und brachten neue Triebe hervor, als die Wasser abnahmen. Andere werden schnell neue Wurzeln geschlagen haben. Deswegen hatte Gott auch keinen Auftrag gegeben, Samen von Pflanzen mit an Bord der Arche zu nehmen. So konnte die Taube schon am Ende der Sintflut einen Olivenzweig zu Noah bringen. Manchmal wird diese biblische Aussage kritisiert und der Schreiber des Sintflutberichts als schlechter Botaniker abgekanzelt. Doch gerade vom Olivenbaum ist bekannt, dass aus fast abgestorbenen Exemplaren noch Triebe sprießen können. Allerdings überlebt der Olivenbaum nicht bei tiefen Temperaturen. Darum wächst er in der Regel in Höhenlagen unter 1000 Metern. Genau deswegen konnte Noah aus dem frisch gepflückten Olivenblatt im Schnabel der Taube schließen, dass auch in den tiefer gelegenen Landstrichen das Wasser abgeflossen war. Als die Taube eine Woche später nicht mehr zurückkam, war das der Beweis, dass es wieder mehr Pflanzen als Ruheort für die Taube gab.

7.4 Wo sind die menschlichen Fossilien?

Um diese Frage zu beantworten, müssen auch biblische Aussagen mit einbezogen werden. Das Thema wird in dem Abschnitt „Die Erde vor der Flut" noch einmal aufgegriffen werden. Hier nur so viel: Zum einen lehrt die Bibel, dass Menschen und Tiere zeitgleich erschaffen wurden (1. Mose 1,20-27), und zum anderen, dass erst nach dem Sündenfall von Adam und Eva im Garten Eden der Tod in die Welt kam. Die Konsequenzen davon sind, dass es vor dem Sündenfall keine Fossilien und keine fossilhaltigen Schichten auf der Erde gab und dass sämtliche fossilführende Schichten nach dem Sündenfall – einige von ihnen vermutlich während der Sintflut – entstanden sind. Darum ist die Frage berechtigt, warum menschliche Fossilien erst ab dem Pliozän[97] auftreten. Nach Ansicht von Vertretern der Evolutionstheorie sei dies ein Beleg, dass sich der Mensch erst im Pliozän von den Altweltaffen abgespalten habe. Doch diese Schlussfolgerung ist durchaus nicht zwingend, es gibt auch andere plausible Erklärungen. So heißt es in der Bibel, dass Gott den Menschen während der Sintflut „von der Fläche des Erdbodens vertilgen" (1. Mose 6,7) wird. Gott hat dafür gesorgt, dass von dem Menschen keine Spuren aus damaliger Zeit mehr existieren und dass die Lebensräume der Menschen von damals nicht überliefert worden sind. Menschen hätten dann auch vor dem Pliozän gelebt, nur finden sich im Fossilbefund keine Spuren mehr.[98]

Das Argument der nicht überlieferten Lebensräume benötigt der Vertreter der Evolutionslehre ebenfalls. Zum Beispiel setzt der Fossilbericht des Quastenflossers im Unterdevon ein und bricht in der späten Oberkreide ab. Trotzdem lebt dieser interessante Fisch heute im Indischen Ozean bei den Komoren. Es liegt auf der Hand, dass der Quastenflosser nicht in der Kreide ausgestorben und später noch einmal neu entstanden ist. Nein, er hatte die gesamte Zeitepoche von der Kreide bis in die heutige Zeit gelebt, allerdings ist sein Lebensraum nicht im Fossilbefund überliefert. Für solche nicht überlieferten Lebensräume lassen sich viele weitere Beispiele anführen.

---

[97] Eine Periode der Erdgeschichte. Siehe Abb. 28.

[98] Vielleicht gibt es aber doch einige Spuren von Menschen in zeitlich etwas älteren geologischen Schichten, die aber abgelehnt werden, weil sie nicht ins Weltbild passen. Siehe dazu Brandt, M. (2011): *Vergessene Archäologie,* Holzgerlingen.

7.5 Fazit

Letztendlich wird niemand genau wissen, wie viele Tiere tatsächlich in der Arche waren und wie die Wassertiere und die Pflanzen außerhalb der Arche überlebt haben. Das ist auch nicht nötig. Es reicht, wenn es gute Erklärungen gibt, wie es gewesen sein könnte. Es gibt viele naturwissenschaftliche, historische und erfüllte prophetische Aussagen der Bibel, die in der heutigen Zeit durch die Wissenschaft bestätigt sind. Mit welchem Argument lässt sich dann behaupten, dass die Bibel in allen nicht beweisbaren Aussagen wie zum Beispiel dem Schöpfungsbericht, dem Sündenfall und dem Bericht über Noahs Arche und die Sintflut, irrt?

Jesus Christus sagte einmal zu Nikodemus: „Wenn ich euch das Irdische gesagt habe, und ihr glaubt nicht, wie werdet ihr glauben, wenn ich euch das Himmlische sage?“ (Johannes 3,12). Gerade weil die Bibel in nachprüfbaren Aussagen in Geschichte, Geographie und Naturwissenschaft wahr ist, können wir auch ihren geistlichen und wissenschaftlichen Aussagen vertrauen, die der empirischen Überprüfung nicht zugänglich sind.

8 Die Tiere in der Arche

8.1 Wie kamen die Tiere zur Arche?

Der Platz in der Arche reichte aus. Doch wie kamen die Tiere in die Arche? Wie kann ein „Acht-Mann-Unternehmen" diesen logistischen Aufwand bewältigen? Wie konnte Noah die verschiedenen Lebensräume von der Sandwüste bis zur Eiswüste erreichen? Wie schafften die Beuteltiere den Weg von Australien bis zur Arche einschließlich einer Ozeanüberquerung? Wie konnte eine so gewaltige Tiermenge in nur sieben Tagen durch die Archentür eintreten und in der Arche in die Kammern verteilt werden? Wie konnten die Tiere versorgt werden?

Einige dieser Fragen werden schon dadurch beantwortet, wenn man sich vor Augen hält, dass die Erde vor der Sintflut anders aussah als heute. Im Schöpfungsbericht spricht Gott davon, dass er das „Trockene" (1. Mose 1,9.10)[99] erschaffen hat. Damit könnte eine zusammenhängende Landmasse gemeint sein.[100] Wahrscheinlich ähnelte die Erde zu Beginn der Sintflut noch der Erde nach dem Sündenfall und hatte ein relativ gleichmäßiges Klima, denn erst nach der Sintflut verspricht Gott dem Menschen, dass „fortan, alle Tage der Erde, nicht aufhören sollen Saat und Ernte, Frost und Hitze, Sommer und Winter, Tag und

---

[99] Das Wort steht im hebräischen Text im Singular und bedeutet: „eine zusammenhängende Landmasse".

[100] Auch die historische Geologie geht vor der Perm-Trias-Grenze von einer ursprünglich zusammenhängenden Landmasse, einem Urkontinent (Pangaea genannt), aus. Natürlich zu einem viel früheren Zeitpunkt. Zu den Begriffen *Perm, Trias* siehe Abb. 28.

Nacht“ (1. Mose 8,22). Dann hätten die Tiere keine Ozeane überwinden müssen, um zur Arche zu gelangen, und lebten vielleicht gar nicht allzu weit von ihr entfernt. Noah musste nicht umherreisen und Tiere suchen, um sie zur Arche zu führen, sondern die Tiere kamen zu ihm (1. Mose 6,20; 7,9.15.16). Möglicherweise kann der „Wanderungsinstinkt“[101] zur Erklärung herangezogen werden, ein natürliches Verhalten, dass Tiere auch heute noch an den Tag legen. Sie wandern, weil es sich für sie lohnt: bessere Nahrungsangebote, günstigeres Klima, Schutz der Nachkommen, Flucht vor Gefahren etc. Doch wovor hätten die Tiere Tage oder Wochen vor der Sintflut fliehen sollen? Und warum dann gerade in Richtung Arche? Hat Gott vielleicht schon durch Naturereignisse, die die Tiere wahrgenommen haben, die Sintflut ankündigen lassen?

Vielleicht gibt es aber auch eine ganz andere Lösung: Gott schickte die Tiere durch sein Wunderwirken zur Arche. Das ist die wahrscheinlichste Erklärung und wird gestützt durch den biblischen Bericht: „… Tiere nach ihrer Art und alles Vieh nach seiner Art und alles Gewürm, das sich auf der Erde regt, nach seiner Art, und alle Vögel nach ihrer Art, jeder Vogel von allerlei Gefieder. Und sie gingen zu Noah in die Arche, je zwei und zwei von allem Fleisch, in dem ein Hauch des Lebens war“ (1. Mose 7,14.15).

Wie dem auch sei – einige besondere Umstände auf der Erde vor der Flut führten dazu, dass das Kommen der Tiere zur Arche viel weniger problematisch war, als oft behauptet wird:

---

[101] Bis heute ist wenig über die Gründe des wundersamen Verhaltens der Tiere bekannt. Vogelzug, Winterschlaf, Instinkt, Erdbebenempfindlichkeit etc. sind Tatsachen. Doch Auslöser, Orientierungsmöglichkeit etc. sind bis heute nicht ursächlich verstanden.

- Die vorsintflutliche Welt bestand aus nur einem Kontinent.
- Das Klima war überall gleichmäßig warm.
- Die Tiere lebten in der Nähe der Arche.
- Die Tiere hatten noch keine Angst vor den Menschen (1. Mose 9,2).

Der biblische Bericht ist sehr genau. Alles, was Noah selbst erledigen konnte, musste *er* tun: von der Materialbeschaffung bis zur Fertigstellung des Schiffs. Alle Dinge, die für Noah – nach unserer heutigen naturwissenschaftlichen Erkenntnis – unmöglich waren, tat Gott. So sagt der Bibeltext einfach nur, „von dem reinen Vieh und von dem Vieh, das nicht rein ist, und von den Vögeln und von allem, was sich auf dem Erdboden regt, kamen zwei und zwei zu Noah in die Arche, ein Männliches und ein Weibliches, wie Gott Noah geboten hatte" (1. Mose 7,8.9). Anscheinend tat Noah nichts weiter, als auf die Tiere zu warten. Wie sollen auch Menschen entscheiden, wer gerettet und wer nicht gerettet werden soll. Gott selbst veranlasste die Tiere, zur Arche zu gehen. Das bedeutet, dass Gott selbst die Auswahl traf, welche Tiere in die Arche gehen sollten und welche nicht. Das ist für naturalistisch denkende Menschen – das heißt für Menschen, die davon überzeugt sind, dass die Welt als rein naturhaftes Geschehen zu begreifen ist – sicher eine unbefriedigende Antwort.

Aber die Bibel lässt Wunder ohne Frage zu, und „Wunderbarer"[102] ist sogar ein Name Gottes. Natürlich kann nicht wissenschaftlich bewiesen werden, dass es so ablief; aber dass es nicht so war, lässt sich ebenfalls wissenschaftlich nicht beweisen. Das Gleiche gilt ja für die Frage nach

---

102 „Man nennt seinen Namen: Wunderbarer …" (Jesaja 9,5).

der Existenz Gottes: Weder dass es Gott gibt noch dass es Gott nicht gibt – wie einige Menschen behaupten –, ist wissenschaftlich beweisbar.

8.2 Wie wurde die Arche beladen?

Noah hatte nur sieben Tage Zeit, um die Arche zu „beladen" (vgl. 1. Mose 7,4-10). Ist das möglich? Sieben 24-Stunden-Tage entsprechen 604.800 Sekunden. Bei zwölf Arbeitsstunden pro Tag und 53.000 Tieren müsste im Schnitt alle 5,7 Sekunden ein Tier verladen werden. Da acht Menschen damit beschäftigt waren, hätte jede Person etwa 45 Sekunden Zeit pro Tier. Viele der Tiere waren sehr klein. Es hätten ohne Probleme drei oder vier von ihnen gleichzeitig von einer Person an ihren Platz gebracht werden können – Noah wird zum Beispiel nicht jeden Vertreter der Schöpfungsgruppen der Insekten einzeln in den entsprechenden Raum gebracht haben. Da die Anzahl der mitzunehmenden Tiere wahrscheinlich erheblich geringer war, stand noch mehr Zeit zur Verfügung. Bei 16.000 Tieren hätte sie pro Person und Tier etwa 2,5 Minuten betragen.

Doch vielleicht verluden Noah und seine Familie gar nicht alle Tiere, sondern es war das Handeln Gottes, der die Tiere ja auch zur Arche gebracht hatte. Die Bibel schweigt darüber.

8.3 Versorgung der Tiere in der Arche

Kritiker des biblischen Sintflutberichts behaupten, dass acht Personen niemals in der Lage gewesen seien, alle mitgenommenen Tiere zu versorgen. Dabei wird der Fehler gemacht, die Menschen der Antike als wenig fortschrittlich einzustufen. Natürlich standen ihnen viele der heute benutzten Technologien noch nicht zur Verfügung. Dennoch waren sie sehr erfindungsreich. Noah und seine Mitarbeiter waren nicht dümmer als wir. Das wird deutlich, wenn man sich vor Augen hält, was damals schon alles erfunden war:

- Musikinstrumente (1. Mose 4,21),
- Schmiedearbeit (1. Mose 4,22),
- Städtebau (1. Mose 4,17),

um nur einige Beispiele zu nennen. Eine hoch entwickelte Sprache[103] war längst vorhanden. Und Studien über Tierhaltung haben ergeben, dass einige wenige Menschen tatsächlich Zehntausende von Tieren versorgen können.[104]

Um das Überleben der Tiere während der Archenfahrt sicherzustellen, musste Noah drei wichtige Probleme lösen:

- Besorgung und Lagerung der notwendigen Wasser- und Nahrungsmittelmengen
- Praktische Versorgung der Tiere
- Hygiene in den Kammern

Der australische Biologe und Geologe John Woodmorappe hat berechnet, dass das entsprechende Gewicht der mitzunehmenden Jungtiere zu Beginn der Flut bei ungefähr 111 Tonnen lag und bis zum Ende der Flut aufgrund von Wachstum auf ca. 411 Tonnen anstieg. Im Gegenzug ver-

---

[103] 1. Mose 2,20: Adam konnte die Tiere des Feldes und die Vögel benennen.

[104] Owen, J. (1983): *Cattle Feeding*, S. 101; Miller, E. C. und Hodges, E. F. (1970): *One Man Feeds 5,000 Cattle or 60,000 Broilers*, in: *Yearbook of Agriculture*, S. 57.

minderten sich natürlich die mitzunehmenden Nahrungsmittel (ca. 2.500 t) und das Trinkwasser (ca. 4.100 t; wenn nicht Regenwasser verwendet wurde). Das macht eine Gesamtzuladung von etwa 7.000 Tonnen.[105] Die Tragfähigkeit der Arche lag bei etwa 14.000 Tonnen, sodass sie noch einmal die gleiche Menge an Ladung hätte aufnehmen können.

Noah konnte Lebensmittel in Form von Heu, getrockneten Früchten, getrocknetem Fleisch und getrocknetem Fisch mitnehmen, außerdem etwas Spezialfutter für Nahrungsspezialisten. Das Futter hätte vorab in einem Behälter an den Kammern eingelagert werden können und hätte damit den Tieren eine Selbstfütterung ermöglicht

Die Trinkwassermenge ließ sich natürlich stark reduzieren, wenn Regenwasser von draußen in Zisternen geleitet wurde. Archäologische Funde belegen, dass die Menschen der Antike Rohrleitungen in Gebäuden aus Schilf, gebackenem Ton oder Bambusrohren anfertigten.

Die Arche war groß genug, um die Tiere einschließlich der Lebensmittel aufzunehmen. Aber wie konnten Noah und seine Familie alle Tiere während der Sintflut versorgen? Schafften es acht Menschen tatsächlich, jeden Tag den Tiermist wegzukarren und zusätzlich sämtliche Tiere zu füttern? Die Bibel gibt auf diese Fragen keine Antworten. Es lassen sich aber Überlegungen anstellen, was möglich wäre.

Viele Tiere – nicht nur die klassischen Winterschläfer – könnten während der Archenfahrt in eine Art Winterschlaf[106] gefallen sein. Bei Tieren gibt es verschiedene

---

[105] Woodmorappe, J. (2003): *Noah's Ark: A Feasibility Story*, S. 10 (Tabelle 1) und S. 48 (Tabelle 8).

[106] Unter Winterschlaf versteht man einen besonderen physiologischen Zustand eines Tieres, bei dem Normalfunktionen aufgehoben oder

Schlafzustände, die durch unterschiedliche Faktoren (Nahrungsangebot, Außentemperatur, Kohlenstoffdioxidgehalt der Luft, Dunkelheit) ausgelöst werden können. Sämtliche Reptilien und Amphibien besitzen die Fähigkeit des Winterschlafs. Auch einige Säugetiere sowie wenige Vögel praktizieren ihn heute.[107] Viele wirbellose Tiere überwintern ähnlich. Wahrscheinlich besitzen oder besaßen alle Tiere diese Fähigkeit. Vielleicht setzten die Tiere diese Schutzmöglichkeit zum ersten Mal in der Arche ein, da ein „Winterschlaf" vorher auf einer Erde mit überall ähnlich warmem Klima wohl nicht nötig war.[108] Während der Zeit des Winterschlafs verlangsamen sich Herzschlag und Atmung. Die Energie, die notwendig ist, um die Lebensfunktionen während der Schlafphase aufrechtzuerhalten, kommt aus den angefressenen Fettdepots. Nahrungsaufnahme und Ausscheidungen werden so auf ein Minimum reduziert.

In Kapitel 5.1.4 ist schon erwähnt, dass das hebräische Wort für „Kammer" eigentlich „Nest" bedeutet. Vielleicht ist das ein Hinweis auf einen Ruhe- oder Schlafort, einen Platz, an dem eine Art Winterschlaf gehalten wurde.

---

verlangsamt sind, sodass das Tier in der Lage ist, lange Zeiträume völliger Untätigkeit zu überleben. Siehe Kulzer, E. (1981): *Winterschlaf*. Mit 7 Tabellen. Staatliches Museum für Naturkunde, Stuttgart; *Biologie heute entdecken (2004)*, SII. S. 223; Vaughan, T. (1986): *Mammalogy*, S. 421, 469–471.

[107] Ein Beispiel ist die Nachtschwalbe (Phalaenoptilusnuttalli). Der Kolibri zeigt nachts viele Merkmale des Winterschlafs.

[108] Ein Hinweis findet sich in 1. Mose 8 und 9, wenn Gott, nachdem Er über nachsintflutliche Klimaänderungen etwas erklärt hat (Frost, Hitze, Sommer, Winter; 1. Mose 8,22), auch Aussagen über Tiere folgen (1. Mose 9,2) lässt.

Entscheidend ist in diesem Zusammenhang die biblische Aussage „Gott gedachte[109] an Noah und an alle Tiere und an alles Vieh, das mit ihm in der Arche war" (1. Mose 8,1). Und wenn Gott jemanden beschützt, dann schenkt Er ihm seine persönliche Fürsorge und Aufmerksamkeit. Ob es um wilde oder zahme Tiere oder um den Menschen geht: Gott sorgt für sie. Wie schon das Sammeln der Tiere lässt sich auch das Überleben der Tiere in der Arche während des Sintflutjahrs nicht ausschließlich naturwissenschaftlich erklären. Es ist ein Zeichen der Macht Gottes.

8.4 Beseitigung des Tiermists

Zwischen zwölf bis 20 Kubikmeter Mist könnten die Tiere in der Arche täglich produziert haben.[110] Das sieht auf den ersten Blick sehr viel aus, ist aber handhabbar und sogar reduzierbar, wenn einige Punkte berücksichtigt werden:

- Ergreifung arbeitssparender Maßnahmen: Einbau von Rampen, Rohren und Rutschen zur Abfallbeseitigung
- Nutzung biologischer Schädlingsbekämpfung
- Kompostierung des Mists auf der unteren Ebene
- Winterschlaf; dadurch wird der Stoffwechsel stark reduziert

Noah hatte sehr viel Zeit, die Arche zu bauen. Er hätte die Böden kleinerer Kammern mit Gittern und abgeschrägten Abfallbeseitigungssystemen ausstatten können, welche

[109] Siehe 1. Mose 8,1. Das hebräische Wort *sachar* („denken an") bedeutet hauptsächlich: „befreien, beschützen".

[110] Woodmorappe, J. (2003): *Noah's Ark: A Feasibility Story*, S. 23-36.

die tierischen Abfallprodukte in eine Abflussrinne führten. Dort wäre der Abfall dann entweder getrocknet (und so geruchlos) oder durch Erdwürmer und Bakterien biologisch kompostiert worden. In größere Kammern konnte Noah geneigte Böden einbauen oder Spalten in die Böden einlassen und den Kot so direkt über Rohre oder Rutschen nach draußen führen. Für eine entsprechende Abfallbeseitigung wäre kaum menschliche Arbeit nötig.

Höchstwahrscheinlich hatte die Arche noch zusätzliche kleinere Zwischendecks, durch die der Mist über Rutschen nach draußen entsorgt und die Tiere erheblich leichter gefüttert werden konnten.

9 Geologische Schichten und „Flutmodelle"

Auf der ganzen Erde gibt es Erdschichten mit unzähligen Fossilien. Sind sie alle während der Sintflut gebildet worden? Und woraus besteht überhaupt der Boden, auf dem wir stehen?

9.1 Die kontinentale „Erdkruste"

Als kontinentale „Erdkruste" bezeichnet man den „Boden an Land", auf dem wir Menschen uns bewegen. Je nach Ort und den Gesteinen im Untergrund kann die kontinentale Erdkruste zwischen 30 und 80 Kilometer mächtig sein. Die Erdkruste ist aus unterschiedlichen Gesteinen aufgebaut. Sie sind verschieden mächtig, bestehen aus verschiedenem Material, haben unterschiedliche Fossilieninhalte. Gesteine werden grob in drei Hauptgruppen eingeteilt: magmatische Gesteine, metamorphe Gesteine und Sedimentgesteine.

9.1.1 Magmatische Gesteine

Magmatische Gesteine bestehen aus erkaltetem Magma, also aus dem Material, aus dem das Erdinnere besteht. Dabei müssen Plutonite und Vulkanite unterschieden werden. Bei den Plutoniten (der Name leitet sich ab von Pluton, dem Gott der Unterwelt) wird das Magma im Erdinneren abgekühlt (z. B. Granit). Bei den Vulkaniten (z. B. Basalt) geschieht die Abkühlung erst an der Erdoberfläche. Alle magmatischen Gesteine sind in der Regel fossillos.

Ausnahmen sind zum Beispiel verkieselte Baumstämme in Lavaflüssen.

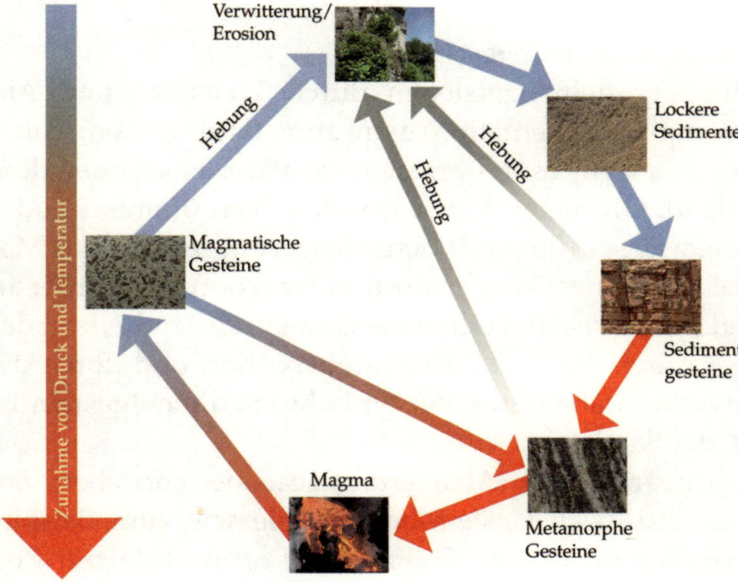

Abb. 26: Kreislauf der Gesteine. Aus geschmolzenen Gesteinen (Magma) erstarren magmatische Gesteine (Magmatite), die an der Oberfläche Erosionen unterworfen sind. Die dadurch gebildeten lockeren Sedimente werden durch Diagenese zu Sedimentgesteinen verfestigt. Durch Versenkungen in größere Tiefen werden sie über Umwandlungsgesteine (metamorphe Gesteine) wieder in Magma verwandelt.

9.1.2 Metamorphe Gesteine

Metamorphe Gesteine bilden sich aus beliebigem Gestein durch Umwandlung von magmatischen Gesteinen – oder Sedimentgesteinen, wenn sie hohem Druck und starker Hitze ausgesetzt werden. Bei dieser Umwandlung wird der feste Zustand beibehalten und die allgemeine chemische Zusammensetzung ändert sich nicht. Daher der

Name metamorphes (gr. *metamorphosis*: Verwandlung, Umgestaltung) Gestein. In diesen Gesteinen sind nur sehr selten Fossilspuren enthalten.

9.1.3 Sedimentgesteine

Sedimentgesteine entstehen durch Transport und Ablagerung (Sedimentation) von zum Beispiel Ton, Sand, Kies, Pflanzen- und Tierresten im Wasser oder auf dem Festland. Oft bilden Meere (marin), Seen (limnisch) oder Fließgewässer (fluviatil) den Ablagerungsort für das Material, das durch Wasser dorthin transportiert wurde, an Land (terrestrisch) werden die Gesteinsbestandteile in der Regel durch die Luft (Wind) transportiert und durch die Schwerkraft abgesetzt. Ein typisches Sedimentgestein ist z. B. der Sandstein.

Sediment- oder Ablagerungsgesteine entstehen dadurch, dass sich Gesteinsbestandteile wie zum Beispiel Mineralien im Wasser absetzen und oft nach kurzer Zeit zu festem Gestein werden. Dazu zählen unter anderem: Sandsteine, Kalk- und Tonsteine. Andere Sedimentgesteine wie zum Beispiel die sogenannte *Kreide,* der *Ölschiefer* oder *Kalksteine* mit vielen Schalenresten sind biogenen Ursprungs, gehen also auf Lebewesen zurück. Sedimentgesteine sind *die* Gesteinsschichten, die Fossilien enthalten können.

9.1.4 Die Entstehung der Sedimentgesteine

Eine wichtige Frage an dieser Stelle lautet nun: Wann und unter welchen Umständen sind diese verschiedenen Sedimente mit ihren unzählbar vielen Fossilien entstanden?

Die Vertreter der Evolutionslehre sagen, dass sich die fossilführenden Sedimentgesteine sehr langsam nacheinander gebildet haben müssen, und zwar über einen

Zeitraum von Hunderten von Millionen Jahren[111]. Dabei liefen (ausschließlich) die gleichen Mechanismen ab, die wir heute auch beobachten können. Dies wird als *Gradualismus* bezeichnet.

Lokale Katastrophen wie Überschwemmungen, Erdbeben, Vulkanausbrüche und Meteoriteneinschläge werden nicht ausgeschlossen – eine weltweite Katastrophe wie die biblische Sintflut wird, wenn sie überhaupt berücksichtigt wird, als lokale Flut mit örtlich begrenzten Katastrophen behandelt. Als globales Ereignis wird sie jedoch kategorisch abgewiesen.

In jeder geologischen Zeitperiode, die dann mehrere Millionen Jahre gedauert haben muss, soll nach dieser Theorie eine bestimmte, oft fossilführende geologische Schicht, die wiederum aus vielen dünneren „Unterschichten" besteht, entstanden sein. Alle diese geologischen Schichten zusammen ergäben dann in chronologischer Reihenfolge einen Überblick über die Entwicklung des Lebens.

Dieses Prinzip der *Gleichförmigkeit der Prozesse* – der *Gradualismus* – beinhaltet, dass die geologischen Vorgänge, die heute beobachtet werden können, genauso in der Vergangenheit stattfanden. So werden Rückschlüsse von heutigen Abläufen auf Bildungsprozesse in der Vergangenheit unter der Voraussetzung langer Zeiträume postuliert. Das ist eine Erklärungsmöglichkeit – aber kein Beweis, dass die geologischen Schichten auch tatsächlich in langen Zeiträumen entstanden sind.

Nach einigen Kernaussagen der Bibel über den Eintritt des Todes in der Schöpfung (1. Mose 3; Römer 5+8 u. a.) –

---

[111] Diese Behauptung war schon vor der Veröffentlichung von Charles Darwins Buch *„On the Origin of Species"* (1859) etabliert, z. B. durch den britischen Geologen Charles Lyell (1830-33).

nicht aber nach der geologisch-gradualistischen Interpretation – ist zu folgern, dass die geologischen Schichten ab dem Kambrium erst nach dem Sündenfall entstanden sind, da es vor dem Sündenfall noch keinen Tod gab. Die Sedimente ab dem Kambrium enthalten aber Milliarden von Fossilien, also Spuren verstorbener Lebewesen. Sie können nach den Aussagen der Bibel deshalb erst aus der Zeit nach dem Sündenfall stammen. Damit wird noch nichts über das grundsätzliche Alter der Erde ausgesagt, auch nicht darüber, ob zwischen 1. Mose 1, Vers 1 und Vers 2 eine größere Zeitspanne lag, was zur Folge hätte, dass die Erde als „Grundkörper", auf dem die Sechs-Tage-Schöpfung stattfand, viel älter als die Schöpfungswoche sein könnte. Lediglich die Zeit von heute bis zur Erschaffung des Lebens lässt sich nach der Bibel abschätzen. Wie dem auch sei, viele geologische Schichten zeigen weltumspannende, katastrophische Ereignisse, die es in jeder Theorie zu deuten gilt.

9.2 Die Erde vor der Flut

Die Landschaft der Erde in den Tagen des Sündenfalls bis zur Zeit Noahs wird im biblischen Bericht nur mit wenigen Worten beschrieben.

- Es gab damals schon Flusssysteme, die zum Beispiel den Garten Eden bewässerten (1. Mose 2,10-14), der aber zur Zeit Noahs längst nicht mehr betreten werden durfte (1. Mose 3,23.24).
- Es werden einige wenige Städte wie Nod und Hanoch erwähnt. Über ihre geographische Lage wissen wir nichts. Nach dem, was oben aus dem biblischen Befund abgeleitet wurde, können sie nichts mit den Flüssen und mit den Städten nach der Sintflut gemeinsam ha-

ben, auch wenn sie zum Teil dieselben Namen tragen. Ihre Spuren sind durch die Flut vernichtet worden.

- Berge werden nicht erwähnt. Vermutlich gab es weder Alpen, Rocky Mountains noch das Himalaya-Gebirge.
- Wahrscheinlich gab es einen Wassergürtel (1. Mose 1,6-8), der die Erde vor schädlichen Strahlen schützte und mitverantwortlich dafür war, dass das Klima erheblich gemäßigter war und die Menschen vor der Sintflut viel älter wurden.
- Außerdem hatte Gott direkt nach dem Sündenfall noch einmal in seine Schöpfung eingegriffen (1. Mose 3,14.17.18): Die Tier- und Pflanzenwelt wurde verändert. Aber auch der Erdboden veränderte sich.
- Wir bekommen einen weiteren wichtigen Einblick in diese andere Welt im ersten Kapitel des ersten Buch Mose: „Und Gott sprach: Es sammeln sich die Wasser unterhalb des Himmels an *einen* Ort, und es werde sichtbar das Trockene! Und es wurde so. Und Gott nannte das Trockene Erde, und die Sammlung der Wasser nannte er Meere. Und Gott sah, dass es gut war" (1. Mose 1,9.10). Am dritten Schöpfungstag hat Gott demnach die Wasser an „einem Ort" gesammelt und damit vom trockenen Land getrennt. Irgendwo auf dieser zusammenhängenden Landmasse befand sich der Garten Eden mit seinem Flusssystem. Allem Anschein nach war der ganze Planet anders, als wir ihn heute kennen. Aber wie sah er aus? Die Bibel gibt weder Informationen über das (geologische) Aussehen der Erde noch über geologische Ereignisse wie zum Beispiel Kontinentalplattenverschiebung, Vulkanausbrüche, Erdbeben in der Zeitepoche vom Ende der Schöpfungswoche bis zum Ende der Sintflut.

9.3 Im Anfang: Eine zusammenhängende Landmasse

Die Kontinentfragmente machen es möglich, die Puzzleteile bruchstückhaft zu dem möglichen „Superkontinent" zusammenzusetzen, auf dem Noah lebte, bevor er auseinanderbrach. Die älteste Vermutung einer Kontinentalverschiebung[112] stammt von dem flämischen Kartographen Abraham Ortelius. In seinem Atlas *Theatrum Orbis Terrarum* von 1596 ist die Übereinstimmung im Verlauf der Westküste Afrikas und der Ostküste Südamerikas gut zu erkennen. In den Jahren 1801 und 1845 beschrieb Alexander von Humboldt die Ähnlichkeit der gegenüberliegenden Küsten Südamerikas und Afrikas. Er vermutete, dass der Atlantik durch einen katastrophischen Strom ausgewaschen wurde. 1858 ging der US-Amerikaner und Geograph Antonio Snider-Pellegrini einen Schritt weiter, als er die erste Karte veröffentlichte, auf der Alte und Neue Welt ohne trennenden Ozean zu sehen waren. Auch er mutmaßte, dass es die Sintflut gewesen sei, welche die Kontinente voneinander getrennt habe. Die Geologen Franklin Coxworthy (um 1890), Roberto Mantovani (um 1900) und Frank Bursley Taylor (1908) sowie der Astronom William Henry Pickering (1907) stellten die Behauptung auf, dass die einzelnen Kontinente durch das Auseinanderbrechen eines Urkontinenten entstanden seien. 1915 veröffentlichte der Geophysiker und Meteorologe Alfred Wegener sein Buch *Die Entstehung der Kontinente und Ozeane*. Seine Theorie hatte er aber schon drei Jahre früher vor der Geologischen Vereinigung im Frankfurter Senckenberg-Museum zur Diskussion gestellt. Er folgerte ebenfalls, dass die heu-

[112] http://de.wikipedia.org/wiki/Kontinentaldrift [24.11.2014].

Abb. 27: Superkontinent *Pangaea* (aus dem *Perm*). Neben dem heutigen Großkontinent *Afrika-Eurasien* gab es auf der Erde mehrere – allerdings wissenschaftlich mehr oder weniger umstrittene – Superkontinente.

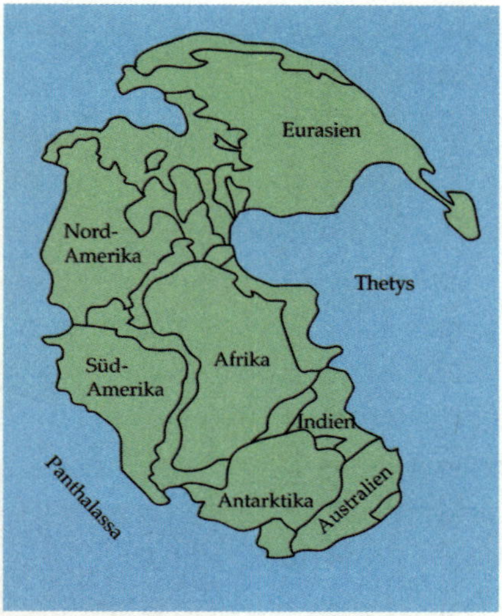

Wenn alle Kontinente eine zusammenhängende Landmasse bilden, hat das Auswirkungen auf das Klima, die Pflanzen- und die Tierwelt. Die Küstenlinien sind weniger beregnet und die Gebiete im Inneren des Kontinents sehr trocken. Ein Beispiel aus heutiger Zeit sind die Trockengebiete in Zentralasien (Gobi, Taklamakan).

Auch die Artenvielfalt wird bei einem Superkontinent wesentlich geringer sein. Erst das Auseinanderbrechen des Superkontinents in mehrere Kontinente führt zur völligen Isolation einzelner Populationen der Arten, aus denen dann jeweils neue Arten entstehen.

Lit.: http://de.wikipedia.org/wiki/Superkontinent [4.2.2015]

tigen Kontinente Bruchstücke eines größeren Kontinents gewesen sein könnten, der in der erdgeschichtlichen Vergangenheit auseinandergebrochen war. Im Gegensatz zu seinen Vorgängern konnte er jedoch seine Theorie durch vielfältige Untersuchungen begründen. So existieren in Südamerika und in Westafrika Diamantenlagerstätten mit verblüffenden geologischen Ähnlichkeiten. Diverse Fossilien der Ostküste Südamerikas stimmen mit denen der Westküste Afrikas überein. Ähnliches gilt für Gesteinsabfolgen und Deformationsmuster. Und Faltengürtel und Scherzonen aus Südamerika lassen sich mit sehr ähnlichen Gesteinsabfolgen und Deformationsmustern in Afrika vergleichen. Anhand solcher Felduntersuchungen entwi-

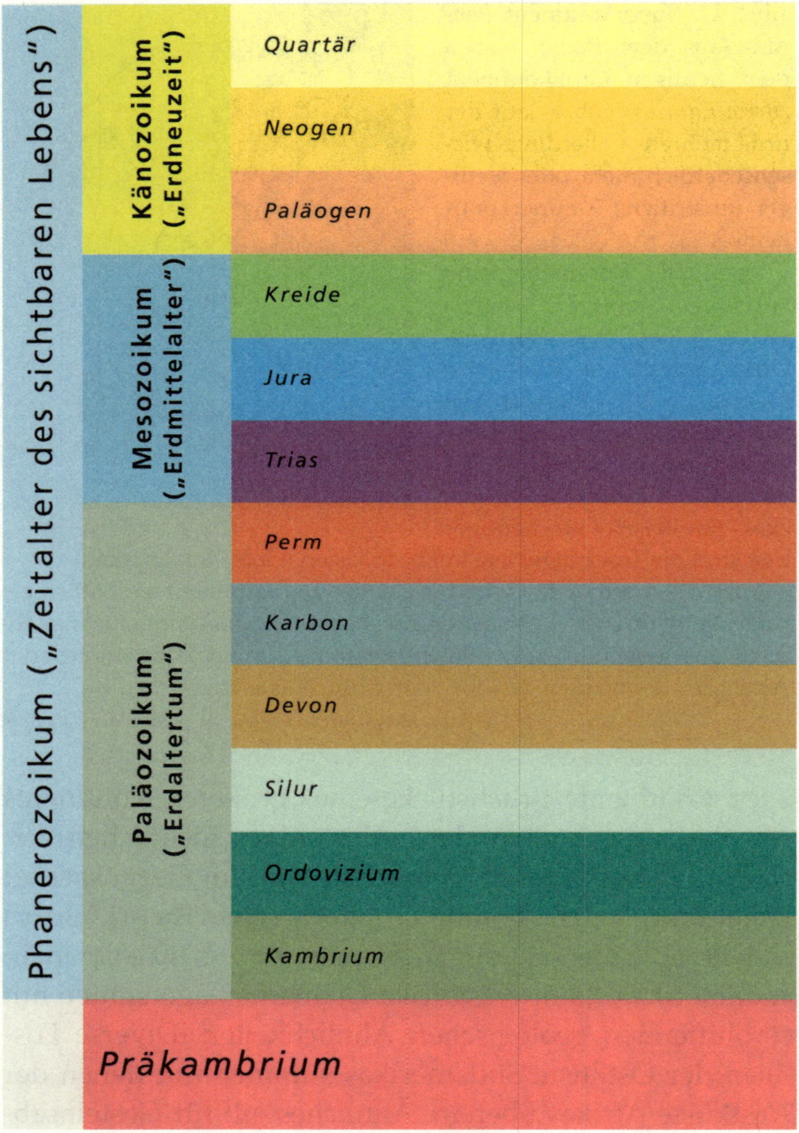

Abb. 28: Vereinfachte „Geologische Zeittafel". Der noch in vielen Büchern zu findende Begriff „Tertiär" wird international nicht mehr verwendet, stattdessen werden die Namen „Neogen" und „Paläogen" gebraucht.

ckelte Alfred Wegener einen Superkontinent, der nicht nur die Südkontinente, sondern alle bekannten Kontinente mit einschloss.

Nach dem biblischen Bericht hat die Sintflut die Erdoberfläche völlig verändert. Das bedeutet aber nicht, dass alle geologischen Spuren aus der Zeit der Sintflut stammen. Der Bibeltext lässt offen, ob nicht schon vor der Sintflut lokale Katastrophen als Folge des Sündenfalls auftraten, bei denen geologische Schichten abgelagert wurden. Deswegen ist es sehr schwer festzustellen, welche der vielen geologischen Schichten *vor, während* und *nach* der Sintflut entstanden sind. Wir sind heute nicht in der Lage, solche dramatischen Ereignisse zu rekonstruieren, besonders dann nicht, wenn es in der Gegenwart keine vergleichbaren Ereignisse gibt.

9.4. Kambrische Explosion

Viele Millionen Fossilien sind bekannt und in Museen weltweit ausgestellt. Unmengen an Gesteinsproben, Eiskernbohrungen, Geodaten usw. liegen vor. Die Gesteine des Präkambriums, des untersten Teils der Stratigraphischen Tabelle, enthalten mit Ausnahme einiger fossiler Einzeller ab dem Archaikum plötzlich im obersten System (Ediacarium) Fossilien seltsamer einzelliger oder mehrzelliger Organismen.[113] Diese Ediacara-Fauna findet sich

---

[113] Shu, D.-G. et al. (2006) *Lower Cambrian Vendobionts from China and Early Diploblast Evolution*, Science, Vol. 312 no. 5774, S. 731–734. Die Grenzen zwischen Präkambrium und Kambrium sind natürlich menschengemacht. Das bedeutet, dass das Ediacarium auch dem Kambrium zugegliedert werden könnte. Doch auf diese Problematik, die für unsere Betrachtung nicht wesentlich ist, kann hier nicht eingegangen werden.

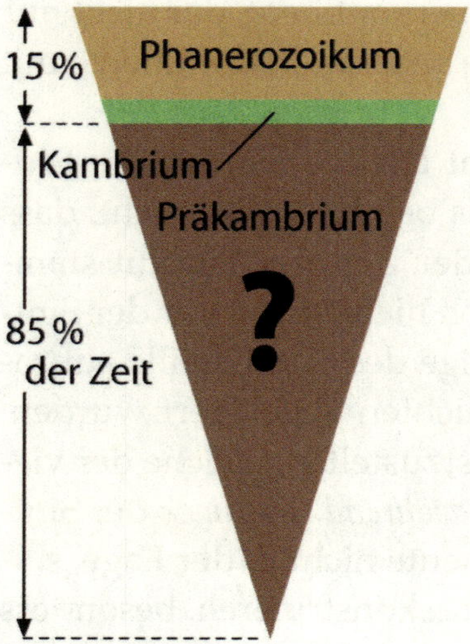

Abb. 29: Das schlagartige Auftreten von Vertretern fast aller heutigen Tierstämme in einem geologisch kurzen Zeitraum zu Beginn des Kambriums wird oft als *kambrische Explosion* bezeichnet, denn in den darunter abgelagerten Schichten des Präkambriums finden sich keine Vorläufer. Diese geheimnisvolle Lücke ist auch deshalb so außergewöhnlich, da im Präkambrium über 400 (mikro-)fossilführende Formationen entdeckt sind. Eine schlüssige Erklärung gibt es bis heute nicht. Nach evolutionstheoretischer Deutung liegen damit ca. 85 % der Geschichte der Lebewesen fast völlig im Dunkeln.

Lit.: Junker, R., Scherer, S. (2013): *Evolution ein kritisches Lehrbuch*, S. 243ff

auch im nächsten System, dem Kambrium wieder. Und in den kambrischen Ablagerungsschichten erscheint im Fossilbefund plötzlich eine hochdifferenzierte Tierwelt. Deshalb wird oft von der *kambrischen Explosion* (oder dem „Urknall der Paläontologie") gesprochen. Sie bezeichnet das fast gleichzeitige, erstmalige Vorkommen von Vertretern fast aller heutigen Tierstämme in einem kurzen Zeitfenster zu Beginn des Kambriums. Die grundlegenden Körperbaupläne vieler mehrzelliger Tierstämme, die seitdem die Erde bevölkern, sind in Gesteinen dieser Epoche erstmals eindeutig überliefert. Sie treten sehr plötzlich und hochkomplex auf, ohne irgendwelche Zwischenformen, die die Evolutionstheorie verlangt. Ein schönes Beispiel dieser Komplexität ist das durchschnittlich ein Meter lange wirbellose Tier Anomalocaris. Mit seinen *Facettenaugen*, die aus 17.800 Linsen bestehen, gehört es zu den am besten se-

Abb. 30: Eine Schautafel über Anomalocaris am Eingang der „Chengjiang Fauna Natural Preservation Area“ in der Provinz Yunnan (Südwesten der Volksrepublik China)

henden Tieren im gesamten Tierreich. Lediglich die Libelle besitzt mehr Linsen pro Auge.

Das sogenannte „Erdmittelalter“ mit den Systemen Trias, Jura und Kreide ist der bekannteste geologische Zeitabschnitt, da ihm die Dinosaurierfossilien zugeordnet werden. Hominide[114] Fossilien bzw. deren Werkzeuge sind bis heute erst aus der sogenannten „Erdneuzeit“ bekannt.

9.5 Flutmodelle

Will man die Sintflut auf Grundlage der Bibel wissenschaftlich beschreiben, müssen alle diese Daten und die biblischen Grundaussagen in einem sogenannten Sintflut-

[114] Mit *hominid* sind hier alle Formen gemeint, die sich nach heutiger wissenschaftlicher Ansicht ausschließlich auf der menschlichen Linie befinden.

modell[115] in Übereinstimmung gebracht werden. Wichtige Kernaussagen der Bibel, dass „durch *einen* Menschen die Sünde in die Welt gekommen ist und durch die Sünde der Tod und so der Tod zu allen Menschen durchgedrungen ist, weil sie alle gesündigt haben“, und dass „der Lohn der Sünde der Tod ist“ (Römer 5,12; 6,23) sowie dass „die Schöpfung der Nichtigkeit unterworfen worden ist – nicht freiwillig, sondern dessentwegen, der sie unterworfen hat“ (Römer 8,20), müssen unbedingt bei einer Interpretation berücksichtigt werden. Demnach ist wahrscheinlich, dass die geologischen Systeme ab dem Kambrium mit ihren unzählbar vielen Fossilien erst nach dem Sündenfall entstanden sein können, denn vor dem Sündenfall gab es keinen Tod und damit auch keine Fossilien (siehe Kap. 11.1). Das muss bei einer biblischen Interpretation der geologischen Systeme berücksichtigt werden.

Die Berücksichtigung aller Eckdaten gilt natürlich nicht nur für die biblische, sondern ebenso für eine evolutionistische Interpretation der Fossilüberlieferung. Das wird aber wohl nie gelingen. Denn zum einen war niemand von uns dabei, als die fossilführenden Ablagerungen entstanden (wir haben es mit einer historischen Wissenschaft zu tun); zum anderen wissen wir gar nicht genau, welche gewaltigen geologischen Prozesse damals auf der Erde stattfanden. Auch über die damalige Tier- und Pflanzenwelt ist wenig bekannt. Wir können lediglich aus heutigen Naturereignissen, beobachtbaren geologischen Prozessen, einigen Indizien (z. B. Hinweise auf die Entstehung des Nördlinger Rieses durch

[115] Damit ist nicht gemeint, dass die Sintflut infrage gestellt wird. Vielmehr ist die Frage, welche geologischen Schichten im Sintflutjahr entstanden sind, das heißt, in welchen geologischen Schichten klare Spuren einer weltumspannenden Flutkatastrophe gefunden werden.

einen Meteoriteneinschlag) und aus der heutigen Pflanzen- und Tierwelt auf das Damals zurückschließen. Direkt experimentell zugänglich ist die vergangene Zeit nicht.

Der Versuch, die naturwissenschaftlichen Interpretationen lückenlos mit dem biblischen Bericht zu korrelieren, gelingt zurzeit nicht befriedigend. Da die Bibel wenige geologische Aussagen enthält, müssen Annahmen getroffen werden. Es gibt mehrere Möglichkeiten, die geologischen Systeme und die Sintflut in Verbindung zu bringen. Wir sprechen deshalb von verschiedenen „Sintflut***modellen***". Das bedeutet nicht, dass die Sintflut oder der Wahrheitsgehalt der Bibel infrage gestellt werden soll, sondern dass die naturwissenschaftliche Interpretation des Schöpfungs- und Sintflutberichts alles andere als einfach ist. (Auf der anderen Seite existieren auch verschiedene Evolutionsmodelle, ohne dass ein Evolutionsbiologe deswegen die Evolution an sich anzweifeln würde.)

Die verschiedenen Sintflutmodelle lassen sich am einfachsten nach den geologischen Systemen bezeichnen, in denen die Sintflut stattgefunden haben könnte. Die gängigsten Konzepte sind das Kambrium-Tertiär-Modell, das Kambrium-Kreide-Modell, das Kambrium-Perm-Modell, das Devon-Jura-Modell und das Präkambrium-Modell.[116] Diese Modelle können hier nur überblicksmäßig vorgestellt werden.[117]

---

[116] Die Reihenfolge der verschiedenen Systeme der Stratigraphischen Tabelle ohne das Präkambrium ist folgende: Kambrium, Ordovizium, Silur, Devon, Karbon, Perm, Trias, Jura, Kreide, Tertiär, Quartär (siehe dazu Abb. 28).

[117] Eine ausführliche und sehr gute Abhandlung findet sich bei Stephan, M. (2010) *Sintflut und Geologie*. Holzgerlingen. In der 3. Auflage (2010) werden aber nicht mehr alle diese Modelle beschrieben.

9.5.1 Das Kambrium-Tertiär-Modell

Dieses gerade im englischsprachigen Raum sehr beliebte Modell fordert, dass nahezu alle geologischen Schichten vom Kambrium bis zum Tertiär (heute: Neogen) während des einen Sintflutjahres entstanden sind. Diese Möglichkeit wurde zum ersten Mal in dem Werk *The Genesis Flood* beschrieben. Auch wenn dort dieses Modell nicht entsprechend benannt wurde, beschreiben die Autoren doch in mehreren Passagen, dass fast sämtliche geologischen Schichten in dem einen Sintflutjahr abgelagert sein sollen. Erst in den letzten Jahren sind viele neue geologische Erkenntnisse und Fossilfunde hinzugekommen, die in der Beschreibung dieses Modells gar nicht berücksichtigt werden konnten: In vielen Schichten finden sich fossile Fußspuren von Landtieren und fossile Trockenrisse.[118] In Montana und China finden sich in mehreren Schichten übereinanderliegende Dinosauriernester (zum Teil mit brütenden Dinosauriern), und manchmal können fossilhaltige Gastrolithe[119] ausgegraben werden. Auch wenn während des Sintflutjahres die Erde nur während etwa sechs Monaten wirklich komplett unter Wasser stand, stellen obige Funde zurzeit unlösbare Probleme für dieses

---

[118] Das Problem ist nicht das Auftreten von Trockenrissen und Fußspuren in den Erdschichten, wie einige Autoren manchmal schreiben. Das wäre ohne Weiteres möglich, da die Erde während des Sintflutjahres nur 110 Tage lang völlig mit Wasser bedeckt war. Vielmehr ist das gehäufte Auftreten solcher Hinweise auf Trockenperioden in sehr vielen Erdschichten problematisch.

[119] Gastrolithe sind Magensteine, die zum Beispiel Dinosaurier als Verdauungshilfe verschluckten. Das Problem liegt nun darin, dass diese Steine selbst manchmal schon Fossilien enthielten – deshalb ist die Rede von *fossilhaltigen* Gastrolithen –, bevor die Dinosaurier sie verschluckten.

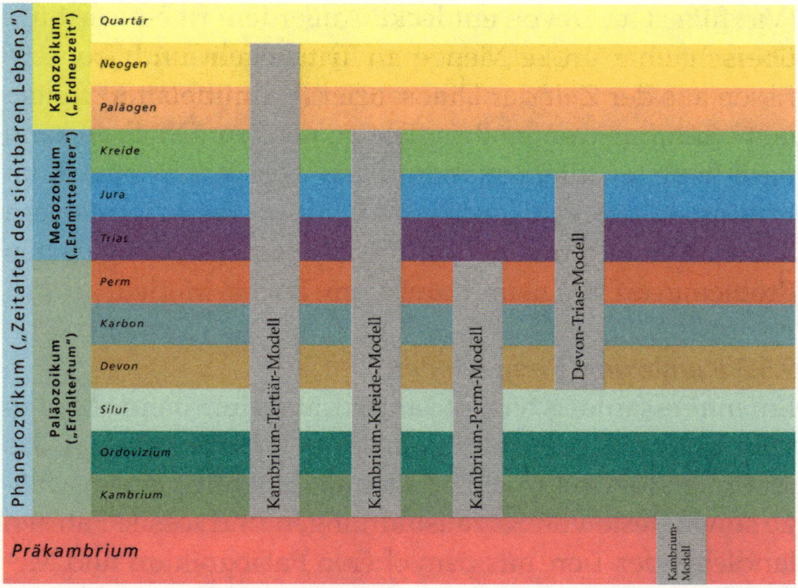

Abb. 31: Erdgeschichtlicher Überblick über die verschiedenen Sintflutmodelle. Modell 9.5.6 „Gar keine Ablagerungsspuren", bei dem gar keine Ablagerung während des Sintflutjahr entstanden ist, fehlt in diesem Diagramm.

Modell dar. Außerdem stellt sich die Frage, woher die riesige Menge des abgelagerten Materials stammt und wie es transportiert und anschließend abgelagert wurde. Dies sind nur einige der Probleme, für die bis heute noch keine guten wissenschaftlichen Erklärungen gefunden wurden.

9.5.2 Das Kambrium-Kreide-Modell

Nach diesem Modell sind alle geologischen Schichten mit Ausnahme von Tertiär und Quartär – also der Erdneuzeit – in dem einen Sintflutjahr entstanden. Das Modell löst zwar das Auftreten von fossilen Trockenrissen und Trittsiegeln in den Schichten der Erdneuzeit, aber nicht in den tiefer liegenden abgelagerten geologischen Schichten. So wurden im Jahr 2010 fossile Fußabdrücke von Tetrapoden

(Vierfüßer) im Devon entdeckt. Außerdem ist eine fast unüberschaubar große Menge an Trittsiegeln und Trockenrissen aus der Zeit der Dinosaurier (Erdmittelalter) freigelegt – um nur wenige Beispiele zu nennen. Die Erde kann nach heutiger Interpretation dieser Fossilien demnach im Erdmittelalter nicht andauernd unter Wasser gestanden haben. Deshalb treten vom Prinzip her hier die gleichen Probleme auf wie beim Kambrium-Tertiär-Modell.

9.5.3 Kambrium-Perm-Modell

Ein interessantes Konzept ist das Kambrium-Perm-Modell von Joachim Scheven.[120] Sein Modell berücksichtigt das Auftreten fossiler Trockenrisse und Regentropfeneinschläge sowie Reste von Salzausblühungen und fossile Fährten landlebender Tiere aus dem oberen Paläozoikum und Mesozoikum.[121] Seiner Meinung nach konnten diese abgelagerten Schichten nicht während des Sintflutjahrs entstanden sein. Insgesamt ergibt sich folgendes Bild:

Das plötzliche Auftreten unterschiedlichster Fossilien ist die Folge der plötzlich einsetzenden Flut. Diese Epoche findet sich im Unteren Kambrium wieder. Die Karbonwälder – die Grundlage unserer heimischen Steinkohle – sind eingebettete bzw. verschüttete Schwimmwälder aus vorsintflutlicher Zeit. Im Altpaläozoikum erreichte die Sintflut ihren Höchststand, um dann langsam zu sinken, bis die Erdoberfläche im Perm wieder getrocknet war. Doch nach der Sintflut war die Erde noch lange nicht ruhig. Es kam zu Folgekatastrophen, die sich in den Schichten des Erdmittelalters und der Erdneuzeit wiederfinden. Das heißt:

---

[120] Scheven, J. (2007): *Vor uns die Sintflut. Stationen biblischer Erdgeschichte*, Kuratorium Lebendige Vorwelt, Hofheim am Taunus.

[121] Siehe dazu Abb. 28.

Die Sedimentgesteine des Abschnittes vom Kambrium bis zum Perm sind während des Sintflutjahres entstanden, alle weiteren, jüngeren Schichten (ab der Trias) erst durch nachsintflutliche Katastrophen, also auch die Ablagerungen mit den Dinosauriern und ihren Gelegen. Nimmt man noch das Modell der Megasukzessionen[122] hinzu, lässt sich sogar die regelmäßige Fossilablagerung zum Teil erklären. Die Entstehung der Kohleflöze im Karbon lässt sich durch das Modell der Schwimmwälder gut erklären. Leider hat auch dieses Modell Schwächen, es kann nicht die Megasukzessionen im Unteren Paläozoikum und die offenen Fragen der biblischen Archäologie, wie zum Beispiel die frühe Besiedelung im Zweistromland, erklären.

9.5.4 Devon-Jura-Modell

Das Modell geht davon aus, dass es schon vor der Sintflut lokale Überschwemmungen und andere Katastrophen gab, durch welche die älteren fossilführenden Ablagerungen gebildet wurden. Die nachfolgenden devonischen bis karbonischen Ablagerungen sind während der Sintflut, die permischen bis jurassischen Ablagerungen durch nachsintflutliche Katastrophen entstanden. Der Vorteil dieses Modells liegt auf der Hand: Für die Entstehung der geologischen Schichten steht viel mehr Zeit zur Verfügung. Das Auftreten von Fußspuren, Gelegen und Trockenrissen lässt sich begründen, ebenso das Vorhandensein von Erdharz.

Auch bei diesem Modell bestehen zurzeit noch einige Schwierigkeiten. So lässt sich die auffällige Regelhaftigkeit der Fossilienablagerungen in den Sedimentschichten

---

122 Der Begriff *Megasukzessionen* beschreibt die Wiederbesiedelung der Erde in zunächst gestörten Lebensgemeinschaften mit Massenvermehrung bestimmter Pflanzen und/oder Tiere.

noch nicht vollständig erklären. Außerdem ließen sich die frühen Menschen nach der Sintflut im Land Sinear nieder, was wahrscheinlich dem heutigen Grenzgebiet Irak/Iran entspricht. Doch auch im Nahen Osten findet man nachsintflutliche Gesteinsschichten, die nur durch mächtige lokale Katastrophen entstanden sein können. „Wie hätten Menschen in einer solch geologisch stark aktiven Region überleben können?", wird von Kritikern eingewandt. „Wo hielten sich die Menschen in jener Zeit auf?" Darauf gibt es heute noch keine in allen Punkten befriedigende Antwort. Allerdings lehrt uns ein Blick auf die Insel Island, dass (menschliches) Leben in geologisch aktiven Gebieten (Lebensräumen) doch möglich ist. Island liegt auf dem Mittelatlantischen Rücken und damit sowohl auf der nordamerikanischen als auch auf der eurasischen Platte, wobei sich die Plattengrenzen von Südwesten nach Nordosten in etwa diagonal über die Insel ziehen. Die Platten entfernen sich gegenwärtig jährlich „graduell" im Mittel etwa zwei Zentimeter voneinander. Auf Island gibt es über 30 aktive Vulkansysteme, von denen im Schnitt alle zweieinhalb Jahre ein Vulkan ausbricht. Im August 2014, gerade als dieser Abschnitt geschrieben wurde, erfassten Messgeräte in den letzten 48 Stunden mehr als 700 Erdbeben mit einer Magnitude kleiner 5. Dennoch leben über 320.000 Menschen angesichts dieser tagtäglichen Gefahren auf dieser Insel. Ein Überleben in stark aktiven Regionen ist demnach möglich.

9.5.5 Präkambrium-Modell

Auch wenn das Präkambrium nahezu keine Fossilien enthält, zeigen die abgelagerten Gesteine sehr viele Hinweise auf Katastrophen. Deshalb vermuten einige Wissenschaftler, dass nur die Präkambrium-Sedimente während der Sintflut abgelagert wurden. Alle Sedimentschichten des

Phanerozoikums sind dann nachsintflutlich durch lokale Katastrophen entstanden. Die Fossilfolge in diesen nachsintflutlichen Schichten zeigt dann die Reihenfolge der Wiederbesiedelung auf der zerstörten Erdoberfläche.

9.5.6 Gar keine Ablagerungsspuren

Es könnte jedoch auch sein, dass die Sintflut überhaupt keine Spuren in den Gesteinen hinterlassen hat. Gottes Gericht wäre dann so vollständig gewesen, dass die Welt vor der Flut mit Ausnahme von Noah und seiner Familie vollständig und ohne irgendeine Spur vernichtet worden wäre. Nach den oben angeführten Bibelstellen wären alle Fossilien und die abgelagerten Schichten nach dem Sündenfall entstanden.

Von dem Menschen, von den landlebenden Tieren und von den Vögeln vor der Flut sagt Gott, Er werde sie „von der Fläche des Erdbodens vertilgen – vom Menschen bis zum Vieh, bis zum Gewürm und bis zu den Vögeln des Himmels; denn es reut mich, dass ich sie gemacht habe" (1. Mose 6,7). Von den im Wasser lebenden Tieren sagt Gott das nicht. Vielleicht ist das der Grund, warum wir in den untersten geologischen Schichten ausschließlich Wassertiere und Pflanzen finden.

9.6 Wie schnell können geologische Schichten abgelagert werden?

Bis heute ist es nicht gelungen, einzelne geologische Schichten eindeutig dem Sintflutjahr zuzuordnen. Das bedeutet aber nicht, dass es keine Sintflut gegeben hätte oder dass in den geologischen Schichten nicht Spuren von gewaltigen Katastrophen zu finden wären. Das heißt auch nicht, dass die fossilhaltigen Gesteinsschichten für ihre

Entstehung Jahrmillionen benötigten. Das alles kann sehr schnell passiert sein. Und dafür gibt es sogar Hinweise in großer Zahl. Einige können an dieser Stelle nur kurz aufgezählt werden.

9.6.1 Gradierungen

Einen eindeutigen Hinweis auf Flutkatastrophen bieten Gradierungen, also Größensortierungen einzelner Partikel in den einzelnen Schichten. Dabei werden große bzw. schwerere Teilchen weiter unten abgelagert, kleinere bzw. leichtere weiter oben. Eine solche Größensortierung kann nur bei Wassertransport und bei einer schnellen, einzigen Schüttung stattfinden.

9.6.2 Schrägschichtungen

Auch die häufig beobachteten Schrägschichtungen können nur bei schneller Ablagerung von Sediment unter Wasser erklärt werden.

Abb. 32: Schräggeschichteter Buntsandstein aus der Trias (Asselstein, Pfalz)

9.6.3 Polystrate Fossilien

Dazu zählen zum Beispiel Bäume, die oft senkrecht stehend durch *mehrere geologische Schichten* laufen. Sie müssen in sehr kurzer Zeit eingebettet worden sein, denn sonst wären die oberen Stammbereiche vor der Fossilisierung vermodert. Das ist ein Hinweis auf globale Katastrophen mit schnellen Ablagerungen der Schichten! Die Einbettung solcher Polystrata (der Begriff leitet sich ab von griech. *poly*, „viel", und *stratos*, „Erdschicht") wird einige Monate, manchmal einige Jahre gedauert haben. Einige Bäume lebten zur Zeit der Einbettung noch; die Fossilien belegen ihre Regenerierungsversuche, nachdem sie teilweise von Sedimenten begraben waren.[123]

Abb. 33: Überrest eines fossilisierten polystraten Baumes aus der Kreide (Petrified Forest, South Dakato, USA)

[123] Ager, D. (1993): *The New Catastrophism*, Cambridge, S. 49.

9.6.4 Ein Beispiel: Der Ausbruch des Mount St. Helens

Am 18. Mai 1980 schockierte der Vulkanausbruch des Mount St. Helens im US-Staat Washington mit seiner unglaublich explosiven Kraft die Welt. Die Canyonbildung in der Umgebung des Vulkans mit klassischer Übereinanderlagerung von Schichten wie beim Grand Canyon erfolgte innerhalb von Stunden bis Monaten. Durch die Canyonbildung war ein neues Flussbett für den Toutle River entstanden.

Zuvor waren Geologen davon ausgegangen, dass die amerikanischen Canyons durch langsame Erosion in Flussbetten über Jahrtausende bis Jahrmillionen hinweg in die sich langsam hebende nordamerikanische Platte eingeschnitten wurden. Aber dieser Vulkanausbruch zeigt, dass es ganz anders gewesen sein könnte.

Abb. 34: Canyonbildung innerhalb von vier Stunden beim Ausbruch des Mount St. Helens (Bundesstaat Washington, USA) im Jahr 1980.

Eine Million Bäume wurden am Tag des Hauptausbruches in den „Spirit Lake" geschwemmt. Im Lauf der Jahre saugten sie sich mit Wasser voll und sanken – manchmal in aufrechter Haltung – auf den Grund. Betrachtet man nur den heutigen Zustand, würde man meinen, dort sei ein natürlicher Wald gewachsen, der dann langsam zugebettet worden sei, oder möglicherweise sogar mehrere solcher Wälder übereinander. Dann würde man natürlich für deren Bildung sehr lange Zeiträume annehmen. Auf dem Seeboden liegt mittlerweile eine ein Meter mächtige Torflage. Sie besteht fast ausschließlich aus Koniferen-Baumrinde. Würde durch eine weitere Katastrophe der Torf zugeschüttet werden, wäre eine Voraussetzung für die Bildung von Kohle geschaffen.

9.6.5 Die geologischen Schichten an sich

So zeigen die geologischen Schichten zahlreiche Merkmale, die auf eine schnelle Entstehung hinweisen, zum Beispiel Schrägschichtungen, Trockenrisse und Rippelmarken (wellenartige Oberflächenstruktur) in vielen Ablagerungs- oder Sedimentgesteinen. Es fehlen dort vergleichbare Relikte von Verwitterungsprozessen, wie wir sie heute beispielsweise bei der Bodenbildung beobachten.

Außerdem findet man quer durch die gesamte geologische Abfolge weltweit massenhaft auftretende, plötzlich verschüttete ehemalige Lebensgemeinschaften als Fossilien oder aber manchmal nur noch Laufspuren auf Sedimentoberflächen. Insgesamt sind dies alles sehr starke Hinweise auf schnelle und katastrophische Erosions- und Ablagerungsprozesse bei der Entstehung der geologischen Schichten.[124]

---

[124] Drüeke, S (2014): *Spuren des Schöpfers*, Hückeswagen.

In der Geologie wird mittlerweile das schnelle Entstehen vieler geologischer Schichten zugegeben. Deshalb müssen die langen Zeiträume zwischen der Bildung zweier Schichten liegen. Doch diese großen Zeitspannen finden sich auch nicht zwischen den Schichten. Man beobachtet weder Besiedlungsspuren noch Boden- bzw. Humusbildung. Auch Erosionsspuren in bzw. zwischen den Gesteinsschichten werden in der Regel nicht gefunden.

Abb. 35: Grand Canyon (USA; N36°3.785', W112°8.411', 5.8.2013). Zwischen und in den abgelagerten Schichten fehlen Bodenbildung sowie Erosions- und Besiedlungsspuren.

9.7 Ergebnis

Die oben angeführten Konzepte zeigen, dass es nicht einfach ist, die naturwissenschaftlichen Ergebnisse mit dem biblischen Sintflutbericht in Verbindung zu bringen. Das liegt unter anderem daran, dass die vorsintflutliche Zeitepoche experimentell nicht mehr zugänglich ist und dass unbekannt ist, welche geologischen Prozesse in einer bestimmten Zeitspanne überhaupt möglich sind.

Beim Schreiben dieses Abschnitts erscheint ein Bericht über einen taiwanesischen Fluss, der eine Schlucht im Rekordtempo zerstört. Im Jahr 1999 erschütterte ein Erdbeben der Stärke 7,6 das Tal des Flusses Da'an in Zentraltaiwan. Als Folge des Bebens entstand ein mächtiger Gesteinswall, der den Fluss aufstaute. Um eine Überschwemmung zu verhindern, wurde ein kleiner künstlicher Kanal in dem Gesteinswall ausgehoben. Dieser Kanal verbreitert sich nun in rasantem Tempo. Schon zwölf Jahre später war eine 1.000 Meter lange Schlucht entstanden, die 25 Meter breit und 17 Meter tief war. Je nach Regenmenge verbreitert sie sich jährlich zwischen 1,5 bis 17 Meter. „Legt man die 17 Meter Abtragung pro Jahr zugrunde, wird die Schlucht vermutlich in 50 bis 100 Jahren Geschichte sein und sich die Wasseroberfläche wieder etwa in gleicher Höhe wie die umgebende Landschaft befinden. In Hochgebirgen sind die Abtragungsraten normalerweise deutlich geringer: Meistens liegen sie gegenwärtig im Bereich von Millimetern pro Jahr."[125] Die gegenwärtigen Beobachtungen bei Naturkatastrophen lehren uns in der Tat, vorsichtig zu sein mit der Zuordnung von Zeiträumen und deren Länge zu unserer Erdgeschichte.

---

[125] Cook, K. L., Turowski, J. M., Hovius, N. (2014): *River gorge eradication by downstream sweep erosion*, in: Nature Geoscience 7, S. 682-686. An anderer Stelle heißt es in diesem Artikel: „We estimate that gorge erosion will remove the uplifted topography in as little as 50 years. We suggest that downstream sweep erosion can remove bedrock gorges, impose local valley widths based on upstream conditions, remove evidence of tectonic activity or depositional river blockages and therefore complicate the interpretation of channel morphology in terms of tectonic or climatic forcing."

Die obige Diskussion zeigt, dass es nicht um die Frage geht, ob der biblische Bericht wahr oder unwahr ist – er ist wahr! Vielmehr weist sie auf unser augenblickliches Unvermögen hin, die Sintflut vollständig in die geologischen Schichten einzuordnen. Doch die Forschung geht weiter. Und vielleicht liegen in wenigen Jahren ganz neue Ergebnisse und klarere Zuordnungen vor. Ohne Frage kann es auch möglich sein, dass Gott selbst – wie bei der Schöpfung – während der Sintflut auf wunderbare Weise eingegriffen hat und geologische Prozesse abgelaufen sind, die wir heute nicht mehr beobachten (können).[126] Dann läge eine wissenschaftliche Erkenntnisgrenze vor. In diesem Fall wird die Sintflut den einzelnen geologischen Schichten nie eindeutig zugeordnet werden können.

---

[126] Die Vertreter der Evolutionslehre formulieren ähnlich, wenn es um die Entstehung der ersten Zelle geht. So zum Beispiel der Evolutionsbiologe U. Kutschera in *Evolutionsbiologie* (2. Auflage, S. 133–134): „Die chemische Evolution in der sauerstofffreien Ursuppe der frühen Erde und die von Pasteur widerlegte Hypothese von der Urzeugung unter heutigen Umweltbedingungen sind *somit zwei verschiedene Dinge, die nicht miteinander verwechselt werden sollten*", oder noch deutlicher in Linder Biologie (21. Auflage, S. 411): „Damit war bewiesen, dass sich gegenwärtig Lebendes nur aus Lebendem bildet: *‚Omne vivum ex vivo.' Für die erstmalige Entstehung der Organismen auf der Erde gilt diese Aussage nicht. Unter den ganz andersartigen physikalisch-chemischen Verhältnissen nach Entstehung der festen Erdrinde* [...] konnten Vorgänge ablaufen, die zur Bildung einfachster lebendiger Strukturen führten." (Hervorhebungen nicht im Originaltext.)

10. Nach der Sintflut

10.1. Der Landeplatz der Arche

Die Bibel berichtet, dass die Arche „auf dem Gebirge Ararat“ landete (1. Mose 8,4). Dabei ist mit „Ararat“ nicht ein einzelner Berg, sondern eine Bergkette oder ein Gebiet gemeint. Die Akkadier[127] hatten dieser Gegend den Namen *Urartu* gegeben, später hieß sie Armenien. Unter den Armeniern kristallisierte sich der Gipfel des „großen Ararat“[128] als Landeplatz der Arche heraus. Andere betrachten dagegen den „*Gebel Cudi*“[129] als Ruheort der Arche. Auch dieser Berg gehörte zum Gebiet Urartu und damit zum biblischen „Land Ararat“. Einen Vorteil hatte dieser Landeplatz auf alle Fälle: Er grenzte nämlich unmittelbar an die mesopotamische Ebene, in der die erste bekannte Zivilisation der Menschheitsgeschichte entstand.[130] Außerdem ist nicht sicher, ob das damalige Gebirge Ararat mit

---

[127] Akkad war eine Königsstadt in Mesopotamien und wurde von Sargon von Akkad um 2350 v. Chr. erobert und zum Zentrum seines Reiches erhoben. Auch im Alten Testament wird Akkad erwähnt (1. Mose 10,10).

[128] Die Bergkette Ararat besteht aus dem „großen Ararat“ (5.156 m), dem „kleinen Ararat“ (3.896 m) und weiteren kleineren Bergen.

[129] Der „Gebel Cudi“ (N37°22.167', E42°20.650') liegt 320 km südwestlich des Ararats im Osten der Türkei. Einige – aber längst nicht so alte – Quellen erwähnen diesen Berg als Landeplatz der Arche. Vielleicht sprechen alle von der gleichen Berggegend, nur dass sich im Lauf der Zeit der Name änderte.

[130] Eine sehr ausführliche Diskussion über den Landeplatz der Arche findet sich bei Roller, T. (2014): *Das Rätsel der Arche Noah*, Holzgerlingen.

dem heutigen Gebirge Ararat in der Türkei identisch ist. Anscheinend wollte Gott den genauen Landeplatz der Arche verschweigen, sonst hätte Er uns sicher mehr Details mitgeteilt.

Abb. 36: Auf dem Weg zum Gipfel des Ararat. Von der Arche keine Spur.

10.2 Wo ist die Arche heute?

Immer wieder finden sich in der (älteren) Literatur Hinweise, dass die Arche noch auf dem „großen Ararat" in Ostanatolien (Türkei) zu finden sei.[131] Manches klingt sehr abenteuerlich, anderes wiederum glaubwürdig. So berichtete Flavius Josephus[132], dass nach Ansicht des babylonischen Priesters Berossos (um 300 v. Chr.) Holzfragmente

---

[131] Eine Übersicht findet sich bei LaHaye, T. F., Morris, J. D. (1976): *The Ark on Ararat*, New York, Published by T. Nelson.

[132] Josephus, Ant. 1:90–93.

der Arche auf dem „Berg der Kurden" zu finden seien. Im 4. Jh. n. Chr. bestieg ein Mönch namens Jacob den Ararat, um nach der Arche zu suchen. Er irrte hilflos umher und entdeckte ein Stück Holz, das im Kloster St. Jakob aufbewahrt wurde.

Viele Abenteurer und Wissenschaftler folgten. Sie opferten Zeit, Geld und manchmal auch ihr Leben, um die Arche Noah zu finden. 1670 besuchte Jan Struys einen Eremiten auf dem Berg Ararat. Dieser schenkte dem Niederländer ein Holzkreuz mit einer schriftlichen Bestätigung, dass er das Kreuz selbst aus dem Holz der Arche Noah gefertigt habe.

Zu Beginn des 19. Jahrhunderts führte der Physiker Friedrich Parrot im Auftrag des russischen Zaren Vermessungsarbeiten am Berg Ararat durch. Dabei hoffte er, Noahs Schiff zu entdecken – leider vergebens. In den Jahren 1902 und 1904 wollten zwei Armenier die Arche entdeckt haben. Der Jüngere von ihnen emigrierte später nach Amerika. Von seinem Bericht liegt eine Bandaufnahme vor. Im Jahr 1916 fand eine Expedition im Auftrag des Zaren Nikolaus II. statt. Material und Fotos, die nach Russland gebracht worden sein sollen, sind – wohl als Folge der Russischen Revolution – bis heute verschollen.

In den 1950er-Jahren konnte der Franzose Fernand Navarra aus einer Gletscherspalte am Ararat eine 1,5 Meter lange, von Menschenhand bearbeitete schwarze Holzplanke bergen. Eine radiometrische Datierung des Holzstücks ergab ein Alter von etwa 5.000 Jahren. Navarra drehte einen Film über den Fund.

Auch der US-amerikanische Astronaut James B. Irwin beteiligte sich an der Suche nach der Arche. 1982 startete er seine erste von fünf Ararat-Erkundungen. 1986 entdeckte Irwin von einer Cessna aus Umrisse im Eis des nördlichen Gletschers, die auf einen Gegenstand schließen ließen. Doch wegen scheinbarer Spionage über militärischem Sperrgebiet wurde Irwin ausgewiesen und konnte keine weitere Expedition mehr durchführen. Heutige Satellitenbilder zeigen genau an der Stelle, die frühere Forscher als Liegeplatz der Arche angegeben hatten, einen rechteckigen Schatten, der die Maße eines Schiffes haben könnte. Doch bis heute ist keine Arche entdeckt worden.

Im April 2010 behaupteten Forscher aus China und der Türkei, dass sie die Arche entdeckt hätten. Allerdings mangelt es – wie bisher immer – bis zum jetzigen Zeitpunkt an wissenschaftlich unumstrittenen Fundstücken.

Wahrscheinlich wird es heute gar keine Spuren der Arche mehr geben. Zum einen sind organische Materialien nicht besonders langlebig, zum anderen will Gott wohl kaum, dass Reste der Arche gefunden werden, denn viele Menschen würde dann einem Stück Holz göttliche Verehrung zollen.[133]

10.3 Ein neues Aussehen der Erde

Noah, seine Familie und die Tiere standen nach der Sintflut auf einer völlig neuen Erde. Und so gibt uns die Bibel einige Hinweise, dass nach der Flut vieles anders war als vorher:

- Der Wasserdampfgürtel wird nicht mehr erwähnt.
- Der Wasserkreislauf auf der Erde hat sich verändert (vor der Flut: 1. Mose 2,5.6.10; nach der Flut: Prediger 1,7; Hiob 36,27).

---

[133] Siehe dazu die Begebenheit mit der ehernen Schlange in 4. Mose 21,4-9 und später in 2. Könige 18,4, wo Gott sie zerstören ließ.

- Zum ersten Mal werden Jahreszeiten erwähnt (1. Mose 8,22).
- Die Menschen durften Fleisch essen (1. Mose 9,3).
- Das Lebensalter ging stark zurück (siehe Abb. 8).
- Die heutigen hohen Berge entstanden wahrscheinlich erst nach der Flut.
- Starke Rassenbildung der Lebewesen, das heißt mikroevolutionäre Anpassungen an sich verändernde Lebensräume. Damit ist nicht eine Höherentwicklung gemeint, sondern eine Variation in der Breite.

Die „damalige Welt" (2. Petrus 3,6) war zerstört. Nicht nur unzählbar viele Lebewesen waren gestorben, sondern die Erde hatte auch ein völlig neues Aussehen erhalten. Gebirge und Flüsse waren verschwunden, neue hatten sich gebildet. Doch unmittelbar nach der Sintflut war die „neue" Erde noch immer nicht zur Ruhe gekommen. Gewaltige lokale Katastrophen dauerten sicherlich noch weiter an. Sollten sich die Kontinente während der Sintflut verschoben haben, verschoben sie sich weiter. Vermutlich folgte(n) darauf die Eiszeit(en).

Erstaunlich ist nun, dass es ein Bibelbuch gibt, das über diese Zeit berichtet. Das Buch Hiob ist wohl das älteste Bibelbuch, und Hiob selbst lebte in den ersten 1.000 Jahren nach der Sintflut. Hinweise hierfür sind:

- Das hohe Lebensalter von Hiob (Hiob 42,16). Siehe dazu Abb. 8.
- Lediglich die älteste Form des Götzendienstes, das Verehren der Himmelskörper, wird erwähnt (Hiob 31,26.27).
- Das Familienoberhaupt war gleichzeitig Priester (Hiob 1,5).

- Die Münze „Kesita“ (Hiob 42,11) wird sonst nur noch in 1. Mose 33,11 erwähnt. Dort dient sie Jakob als Zahlungsmittel, um ein Feld zu kaufen (um 1900 v. Chr.).

An vielen Stellen erfährt der Leser etwas über die Katastrophen aus jener Zeit. Hiob selbst lebte im Land Uz, das wahrscheinlich identisch ist mit der Wüstengegend Edom auf der arabischen Halbinsel. So kam zum Beispiel Hiobs Freund Eliphas aus Teman, einem Ort in Edom. Doch die im Buch Hiob erwähnten Tiere[134] leben heutzutage in Savannen. Es ist die Rede von Flüssen, schwersten Niederschlägen und Schneetreiben. Nach diesen Angaben war das Klima in Hiobs Heimat damals viel kühler und feuchter als heute. Eine solch dramatische Klimaveränderung in eine heutige Wüstenlandschaft kann zum Beispiel mit den Kontinentverschiebungen zusammenhängen.

Die Niederschläge waren zur Zeit Hiobs so schwer, dass ganze Landstriche zerstört wurden. Die Menschen hatten aufgrund von Naturkatastrophen kaum Nahrungsmittel, ihre Lehmhäuser wurden zerstört und deshalb wohnten sie manchmal in Höhlen (Hiob 30,1-8). Gleichzeitig kamen Katastrophen vom Meer her. Die Leute stellten Wachposten an der Ozeanküste auf, um die Bewohner rechtzeitig vor Tsunamis, anderen Flutkatastrophen und sogar vor „Seeungeheuern“ zu warnen (Hiob 7,12; 12,15; 40,15-41,26). Dabei liegt das Land Uz heute gar nicht mehr am Meer. Grenzte das Land vielleicht damals an einen Ozean, der heute dort nicht mehr existiert? Tatsächlich findet man in der ganzen Jordanebene Spuren eines großen Meers, das damals einige Meter höher lag als der heutige

[134] Das sind zum Beispiel: Strauß, Schakal, Hirschkuh (Hiob 39,1-21).

Meeresspiegel, es bedeckte den See Genezareth und das Tote Meer. Heute noch sichtbare Küstenlinien von Israel bis in die Südküste der Türkei sind Belege mächtiger Hebungen und Senkungen und des Aufreißens der Jordanebene im Pleistozän. Durch die Bewegungen der Erdkruste entstand ein mehr als 6.000 Kilometer langer Riss in der Erde, der Große Afrikanische Grabenbruch, der sich von Südwestasien nach Ostafrika erstreckt.

Vieles deutet demnach darauf hin, dass Hiob tatsächlich in Zeiten großer geologischer Aktivität lebte und dass sich das Aussehen der Erde auch in den Jahrhunderten nach der Sintflut noch gravierend veränderte.

10.4 Eiszeit

Dass es wenigstens *eine* Eiszeit gab, steht außer Frage; dafür gibt es gesicherte Indizien. Die Spuren der Eiszeit, zum Beispiel Findlinge oder durch Gletscher ausgeformte u-förmige Täler, kann man noch heute sehen. Die Vertreter der Evolutionslehre gehen davon aus, dass die letzte Eiszeit aufgrund radiometrischer Datierungen vor zwei Millionen Jahren begann und vor 11.000 Jahren endete. Viele Schöpfungswissenschaftler sind im Gegensatz dazu überzeugt, dass die Eiszeit kurz nach der Sintflut einsetzte und etwa 1.000 Jahre dauerte. Und in der Tat könnte die Sintflut eine gute Grundlage sein, um zu verstehen, wie es zu *einer* Eiszeit kommen konnte.[135]

---

[135] Nach Ansicht vieler Evolutionswissenschaftler gab es mehrere Eiszeiten in Abständen von jeweils ca. 25 Millionen Jahren. Eine Diskussion darüber kann hier nicht geführt werden. Siehe dazu: Oard, M. J. (1997): *Ancient Ice Ages or Gigantic Submarine Landslides?* Creation Research Society Books, Chino Valley, Arizona; Molén, M. (1990): *Diamictites: Ice-Ages or Gravity Flows?* Proc. Second ICC 2, S.177-190,

Folgendes Szenario wäre denkbar: Während der Eiszeit war ganz Nordeuropa durch Gletscher bedeckt, und die Auswirkungen dieser Vereisung sind noch heute in den Eisdecken Grönlands, Islands und der Arktis sowie in den alpinen Gletschern zu entdecken. Doch wie können solche mächtigen Eismassen gebildet werden? Sicher nicht, indem es überall auf der Erde eiskalt wird. Denn dann wäre zu wenig Wasser in der Atmosphäre, das sich als Eis niederschlagen könnte. Das Festland in den nördlichen Breiten war kalt, das Festland auf der Südhalbkugel dagegen war warm, und durch die Zufuhr des warmen Wassers aus den Quellen der Tiefe während der Sintflut waren auch die Ozeane warm. Dann könnten große Mengen Wasser verdunsten, die auf der kalten Landmasse eher als Schnee bzw. Eis sehr schnell niederschlagen würden. Das deckt sich mit den Funden vieler tiefgefrorener Mammuts aus den Permafrostböden Sibiriens.

10.5 Die Neubesiedelung einer „neuen" Erde

Nach der Sintflut könnte man sich folgendes Szenario vorstellen: Die Erde war ein zerstörtes Ökosystem, doch nach kurzer Zeit erfolgte an geeigneten Stellen, besonders in den Flachmeeren, nach und nach eine Neubesiedelung durch begünstigte Organismen. Die weltweit neu entstandenen Lebensgemeinschaften waren durch Massenvermehrung und Kurzlebigkeit geprägt. Dies sind typische

---

Institute for Creation Research, El Cajon, CA; Vardiman, L. (1994): *A Conceptual Transition Model of the Atmospheric Global Circulation Following the Genesis Flood,* Proc. Third ICC, Pittsburgh, PA, S. 569–579; Vardiman, L. (1994): *An Analytical Young-Earth Flow Model of Ice Sheet Formation During the „Ice Age",* Proc. Third ICC, Pittsburgh, PA, S. 561–568.

Kennzeichen gestörter, nicht im Gleichgewicht befindlicher Lebensgemeinschaften. In schneller Folge brachen Lebensgemeinschaften zusammen und wurden wieder neue Lebensgemeinschaften gebildet, die dann das gleiche Schicksal ereilte, bis sich endlich ein neues, stabiles Gleichgewicht einstellte.

10.5.1 Der Mensch

Irgendwo werden sich die Söhne Noahs mit ihren Ehefrauen Landstriche gesucht haben, wo sie sich vor den Naturkatastrophen einigermaßen sicher fühlten.

Wenn wir uns an die biblische Überlieferung halten, sind nicht nur alle Menschen Nachkommen von Adam und Eva, sondern auch von Noah und seiner Frau – denn alle anderen Menschen, die vor der Flut gelebt haben, sind in der Sintflut umgekommen. Neben den drei Söhnen Noahs haben deren Frauen eventuell noch das Blut anderer Stämme in sich getragen und so ein breites Genspektrum über die Flut gerettet. Und von diesen drei Menschenpaaren stammen nun Menschen aller Ausprägungen und Hautfarben ab. Vielleicht lebten sie zunächst gemeinsam bei der Stadt Babel, auch Babylon genannt.

In 1. Mose 10 ist aufgezählt, wie sich die Söhne Noahs vermehrt haben und welche Völker aus ihnen entstanden sind. Auch wenn es in vielen Fällen nur Vermutungen zu Parallelen mit den historisch nachgewiesenen Völkern gibt, ist aus biblischer Sicht klar, dass Menschen aller Hautfarben und Ausprägungen von Noah und seiner Familie abstammen. Vielleicht gab es danach eine gewisse Durchmischung, doch spätestens nach dem weiteren entscheidenden Ereignis der frühen Menschheitsgeschichte, dem Turmbau zu Babel, wurden die Familien oder Stämme voneinander isoliert und es haben sich unterschiedliche Menschengruppen gebildet: schwarze Afrikaner, hellhäutige Skandinavier, mandeläugige Asiaten, australische Aborigines und etliche mehr.

10.5.2 Die Tiere

Ähnliches gilt für die Tiere. Mit Ausnahme der im Wasser lebenden Tiere stammen alle Arten von den Schöpfungsgruppen ab, die mit Noah in der Arche überlebten. Biologen, die in ihrer wissenschaftlichen Arbeit die Möglichkeit einer biblischen Schöpfung in Betracht ziehen, vermuten, dass insgesamt nicht viel mehr als 5.000 verschiedene *Grundtypen* (Schöpfungsgruppen) von Säugetieren, Vögeln, Reptilien und Amphibien auf der Arche überlebt haben müssen. Von diesen hätten sich dann erst nach der Flut verschiedene Biospezies (heute bekannte Tierarten) in mikroevolutionären Prozessen entwickelt.

Das steht im Gegensatz zur Makroevolution, bei der sich Lebewesen durch Zufall höher entwickelt haben sollen, wobei ein Informationsgewinn stattfinden müsste, damit ganz neue Organe und neue Eigenschaften entstehen könnten. Mikroevolution[136] bezeichnet demnach Veränderung oder Optimierung von Lebewesen *innerhalb der von Gott geschaffenen Arten*. Durch Neuaktivierung, Deaktivierung, Mischen von Erbinformationen, Mutationen etc. entstehen unzählige Varianten von Lebewesen inner-

---

[136] Mikroevolution: Variationsvorgänge auf der Basis bereits vorhandener Konstruktionen. Durch Mikroevolution werden demnach Optimierungsprobleme gelöst. Makroevolution: Entstehung neuer Konstruktionen oder ein grundlegender Umbau, der zu völlig neuen Funktionen und letztlich zu neuen Bauplänen führt. Durch Makroevolution werden demnach Konstruktionsprobleme gelöst. Aus: *Studium Integrale*, 13. Jg., Heft 2, Oktober 2006, S. 60.

halb einer Schöpfungsgruppe. Es entsteht jedoch keine wirklich neue Information (Makroevolution), die für eine Höherentwicklung unbedingt notwendig wäre. Solche mikroevolutionären Prozesse werden tagtäglich beobachtet und lassen sich durch unzählbar viele Experimente belegen. Aber Makroevolution, das heißt das Entstehen eines Lebewesens mit völlig neuen Eigenschaften, wurde bisher nicht beobachtet. Das kann nach Aussage der Bibel nur durch einen Schöpfer-Gott geschehen.[137]

[137] Zur Vertiefung dieses Themas siehe Junker, R., Scherer, S. (2013): *Evolution ein kritisches Lehrbuch*.

11 Sintflutberichte und Bibel

11.1 Weltweite Sintflutüberlieferungen.

Erzählungen von einer großen Flut finden sich im Kulturschatz vieler Völker. Meistens liegt ihr Ursprung darin, dass Gott die Menschheit für frevelhafte Sünden bestrafte. Einer der ältesten Berichte findet sich im *mesopotamischen Gilgamesch-Epos*, den wir im Folgenden etwas genauer untersuchen werden, weil er in Schulbüchern am häufigsten erwähnt wird.

Der wahrscheinlich bekannteste Hinweis stammt von dem griechischen Philosophen *Platon*, der den Mythos um das legendäre *Atlantis* schuf, das in einer Flutkatastrophe unterging. Auch in der griechischen Sagenwelt wird von mehreren Fluten berichtet. In der *Deukalionischen Flut* von Ovid gleicht die Hauptperson Deukalion in zahlreichen Details dem biblischen Noah. Aber Flutberichte finden sich auch in Amerika, von den Eskimos im Norden Alaskas bis zu den Indianern Südamerikas, und auf Inseln im Atlantik über die Völker Eurasiens bis nach China und bei den Ureinwohnern Polynesiens und Australiens. Diese Berichte müssen sich aber nicht unbedingt auf dieselbe Flut beziehen, die in der Bibel als „Sintflut" bezeichnet wird. Trotzdem ähneln sich viele dieser Berichte auffallend. Und immer ist von überlebenden Helden die Rede, ob sie nun *Deukalion*, *Utnapischtim* oder *Ziusudra* heißen.

11.2 Gilgamesch-Epos

11.2.1 Der Fund

1853 grub der Archäologe Austen Henry Layard mit seinem Team die Palastbibliothek von Ninive, der alten assyrischen Hauptstadt, aus. Unter den mehr als 25.000 Tontafeln, die damals kistenweise ins Britische Museum gebracht wurden, waren zwölf Keilschrifttafeln mit dem heute weltbekannten Gilgamesch-Epos. Erst 1872 wurden diese von George Smith übersetzt, der damit als der eigentliche Wiederentdecker dieses Epos gilt. Die Tafeln wurden auf das 7. Jh. v. Chr. datiert, aber das Gedicht muss viel älter gewesen sein, denn der Held Gilgamesch war ein König der ersten Dynastie von Uruk und regierte 126 Jahre; er lebte um 2600 v. Chr.[138] Das Gilgamesch-Epos – eines der berühmtesten literarischen Werke Altbabylons – soll aber erst viele Hundert Jahre später um 1800 v. Chr. entstanden sein.[139] Die ältesten bekannten Keilschrifttafelfragmente stammen aus der Zeit um 1100 v. Chr.[140]

11.2.2 Der Inhalt[141]

Nach dem Bericht der ausgegrabenen Keilschrifttafeln war Gilgamesch zu zwei Dritteln göttlich und zu einem Drittel sterblich, besaß eine enorme Intelligenz, war sehr stark,

---

138 Nach dem sumerischen Königsverzeichnis. Siehe dazu zum Beispiel López, R. E. (1998): *The antediluvian patriarchs and the Sumerian king list*, in: *Journal of Creation* 12(3), S. 347–357.

139 Dalley, S. (ed.): *Myths from Mesopotamia: Creation, the Flood, Gilgamesh, and Others*, Oxford University Press.

140 Mitchell, T. C. (1988): *The Bible in the British Museum*, The British Museum Press, S. 70.

141 Aus: Sarfati, J. (2006): *Creation* 28(4), S. 12–17.

aber auf der anderen Seite unterdrückte er sein Volk brutal. Daraufhin rief das Volk die Götter um Hilfe an. Der mächtige Himmelsgott Anu erschuf deshalb Enkidu, der es mit Gilgamesch aufnehmen konnte. Es kam zum Kampf, den keiner von beiden gewann. Aus ihrer Feindschaft wurde Freundschaft und sie bestanden gemeinsam viele Abenteuer. Dann töteten die Götter den Enkidu. Gilgamesch, selbst in großer Trauer, versteht, dass auch er einmal sterben musste. Etwas später hörte er dann von dem unsterblich gewordenen Utnapischtim, dem Überlebenden einer großen Flut. Gilgamesch fuhr über das Meer, um Utnapischtim zu finden, und Utnapischtim erzählte ihm seine Erlebnisse während einer großen Flut.

Von dieser Flut berichtet nun die elfte entdeckte Keilschrifttafel: Um die Menschheit zu vernichten, entschied der Rat der Götter, die ganze Erde unter Wasser zu setzen. Doch Ea, der Schöpfergott, warnte Utnapischtim und leitete ihn an, aus seinem Wohnhaus ein großes Boot zu bauen, um sich selbst, einige Menschen und viele Tiere in Sicherheit zu bringen. Das Boot sollte würfelartig aussehen, sieben Stockwerke besitzen und mit Pech abgedichtet sein. Als das Boot nach wenigen Tagen fertiggestellt war, nahm Utnapischtim alle Arten von Feldtieren, seine Familienangehörigen und einige andere Menschen mit ins Boot. Der Sonnengott Schamasch überschüttete die Arche mit Broten. Dann kam die zerstörende, aber nur sechs Tage dauernde Flut. Ein Sturm kam auf und sieben Tage später setzte das Schiff auf dem Berg Nimusch auf.

Utnapischtim ließ zunächst eine Taube fliegen, dann eine Schwalbe. Zum Schluss sandte er einen Raben aus, der nicht zurückkehrte. Utnapischtim wusste nun, dass die Erde wieder trocken war, öffnete seine Arche, ließ die Tiere frei und opferte ein Schaf.

„Das Schiff, welches du bauen sollst – dessen Maße sollen abgemessen sein, gleichgemessen seien ihm Breite und Länge … Am fünften Tage entwarf ich des Schiffes Außenbau; ein ‚Feld' groß war seine Bodenfläche, je zehnmal zwölf Ellen hoch Wände, zehnmal zwölf Ellen ins Geviert der Rand seiner Decke. Ich entwarf seinen Aufriss und stellte es dar: Sechs Böden zog ich ihm ein, in sieben Geschosse teilte ich es ein. Seinen Grundriss teilte ich neunfach ein … Was immer ich hatte, lud ich darein: Was immer ich hatte, lud ich darein an Silber. Was immer ich hatte, lud ich darein an Gold. Was immer ich hatte, lud ich darein an allerlei Lebenssamen: Steigen ließ ich ins Schiff meine ganze Familie und die Hausgenossen, Wild des Feldes, Getier des Feldes, alle die Meistersöhne habe ich hineinsteigen lassen ... Dem Schiffer Pusur-Amurri, dem Verpicher des Schiffes, übergab ich den Palast samt seiner Habe".[142] So lautet ein Ausschnitt aus der elften Tafel des Gilgamesch-Epos. Auf den ersten Blick gleicht die babylonische Geschichte über die Flut und das Rettungsboot dem biblischen Sintflutbericht. Doch es gibt auch Unterschiede. Die folgende Tabelle[143] soll einen ersten Überblick geben:

---

[142] Von Soden, W., Schott, A. (1997): *Das Gilgamesch-Epos*, Stuttgart. Zitiert sind die Verse 28-30, 56-62, 80-85, 94-95. Zu der Formulierung „seinen Grundriss teilte ich neunfach ein" schreibt der Übersetzer: „D. h. gewiss, dass jedes der sieben Geschosse neun (wohl dreimal drei) Räume barg; so hatte die Arche 63 Kammern von rd. 17 Ellen Höhe und 1600 Geviertellen Bodenfläche." Das Schiff bildete also einen Würfel mit einer Kantenlänge von 60 m.

[143] Lorey, F. (März 1997): *The Flood of Noah and the Flood of Gilgamesh*, ICR Impact 285; siehe auch Osanai, N. (2004): *A comparative study of the flood accounts in the Gilgamesh Epic and Genesis*, MA Thesis, Wesley Biblical Seminary, USA (http:/www.creation.com/gilg [22.9.2014]).

Thema	1. Buch Mose	Gilgamesch-Epos
Ausdehnung der Flut	global	wahrscheinlich global
Zielgruppe	alle Menschen	alle Menschen
Wer schickte die Flut?	Der HERR (Jahwe)	Rat der Götter
Hauptperson	Noah	Utnapischtim
Bau eines Bootes	ja	ja
Aufteilung des Bootes	3 Stockwerke	7 Stockwerke
Gab es „Räume"?	ja	ja
Anzahl der Türen	eine	eine
Wer schloss die Tür?	Gott	Utnapischtim
Fenster	wenigstens eins	wenigstens eins
Abgedichtet durch	Pech	Pech
Ungefähre Form des Schiffs	rechteckiger Kasten	Würfel
Maße	ca. 150 x 25 x 15 m	ca. 60 x 60 x 60 m
Menschliche Fahrgäste	Noah und seine Familie (8 Personen)	Familie und einige andere
Andere Fahrgäste	Grundtypen (paarweise) von nicht im Wasser lebenden Tieren und je 6 Paare reine Tiere	Tiere des Feldes, Vögel
Woher kam das Wasser?	Quellen der Tiefe und starker Regen	starker Regen
Dauer der Flut	über ein Jahr	7 Tage
Wie fand man Land?	durch Freilassen von Vögeln	durch Freilassen von Vögeln
Welche Vögel in welcher Reihenfolge?	Rabe und Taube (3x)	Taube, Schwalbe, Rabe
Landeort der Arche	Berg Ararat	Berg Nimusch

11.2.3 Gemeinsamkeiten und Unterschiede

So schreiben Whitcomb und Morris[144] bei einem Vergleich zwischen dem *biblischen* und dem *babylonischen* Bericht, dass beide Handlungen …

… ausführen, dass die Flut göttlich geplant war.

… darin übereinstimmen, dass die bevorstehende Katastrophe sowohl Noah als auch Utnapischtim göttlich geoffenbart wurde.

… von der Rettung der Männer und ihrer Familien erzählen.

… betonen, dass beide Männer einer göttlichen Anweisung folgten, als sie ihre Archen bauten, um Leben zu erhalten.

… die physikalischen Ursachen der Flut angeben.

… die Dauer der Flut nennen.

… einen Berg als Landeplatz des Schiffs anführen.

… von dem Aussenden einzelner Vögel, um das Sinken der Wasser festzustellen, erzählen.

… die Darbringung eines Opfers beschreiben.

… am Ende besondere Segnungen erwähnen.

Doch neben diesen auffälligen Gemeinsamkeiten gibt es auch grundlegende Unterschiede, auf die genauer eingegangen werden muss:

1. Der Urheber der Flut war im biblischen Bericht der einzig wahre Gott, der die Flut wegen der Sündhaftigkeit des Menschen kommen lässt. Im Gilgamesch-Epos findet sich kein Grund für die Flutkatastrophe, die durch den Rat der Götter beschlossen wurde.

---

[144] Whitcomb, J. C., Morris, H. M. (1977): *Die Sintflut*, Neuhausen-Stuttgart, S. 72-74.

2. Der biblische Bericht betont, dass Gott Noah persönlich aufforderte, eine Arche zu bauen. Noah hatte dafür 120 Jahre Zeit. Noah nutzte diese Zeit, um die Menschen vor dem Gericht zu warnen, damit sie ihrer Sünden noch Buße tun. Im babylonischen Bericht erfährt Utnapischtim durch Zufall, dass er ein Schiff bauen muss, da ihm der Schöpfergott Ea – ohne Wissen des Gottes Enlil – einen Hinweis auf die drohende Katastrophe gibt. Er baute an seiner Arche nur sieben Tage. Außerdem soll Utnapischtim im Auftrag des Gottes Ea seine Mitmenschen belügen und ihnen die meteorologischen Vorboten der Flutkatastrophe als Gnade der Götter anpreisen.
3. Auch die Maße der beiden Schiffe sind grundlegend unterschiedlich. Die Arche der Bibel gleicht einem modifizierten Schuhkarton mit den Maßen 150 x 25 x 15 m und ist sehr schwimmtauglich. Mit drei Etagen liegt der Schwerpunkt sehr tief. Das Schiff des Gilgamesch-Epos ist würfelartig gebaut und sehr schwimm*in*stabil. Mit sieben Stockwerken liegt der Schwerpunkt recht hoch.
4. In Noahs Arche befanden sich acht Menschen und eine von Gott ausgesuchte Anzahl von an Land oder in der Luft lebenden Tieren. Außerdem waren noch je sechs Paare der reinen Tiere dabei. In Utnapischtims Arche waren weit mehr Menschen an Bord: die ganze Familie Utnapischtim, seine Bediensteten, Handwerker und Gelehrte. Die mitzunehmenden Tiere werden nicht genau differenziert. Außerdem lud Utnapischtim sein ganzes Silber und Gold in die Arche.
5. Auch die Entstehung und Dauer der Flut sind in beiden Berichten ganz unterschiedlich. Die biblische Sintflut wurde ausgelöst durch gewaltige Wassermassen aus der Tiefe und durch Regen. Insgesamt dauerte sie 371 Tage. Im babylonischen Bericht ist der Regen die

einzige Ursache, der dann auch schon nach sechs Tagen aufhört. Wahrscheinlich schwamm die babylonische Arche noch einen Tag auf dem Wasser, bis sie dann sieben Tage später auf dem Berg Nimusch aufsetzten. Nach einer nicht weiter mitgeteilten Anzahl von Tagen verließen sie das Schiff.

6. In beiden Flutberichten werden Vögel ausgesandt, um zu überprüfen, ob der Erdboden schon getrocknet ist. Aber das ist in dieser Handlung die einzige Gemeinsamkeit. Noah lässt zuerst einen Raben fliegen und dann im Abstand von je einer Woche dreimal eine Taube. Im Gilgamesch-Epos wird zunächst eine Taube, anschließend eine Schwalbe und zuletzt ein Rabe ausgesandt. Über die zeitlichen Abstände erfahren wir nichts. Dabei ist allein aus biologischen Gesichtspunkten die Reihenfolge der erwähnten Vögel im biblischen Bericht viel sinnvoller.
7. Bei dem abschließenden Opfer wird wieder der Unterschied zwischen dem biblischen Bericht und dem polytheistischen Epos deutlich. Der Gott Noahs nimmt sein Opfer gnädig an, segnet Noah und seine Familie. Dabei verspricht Gott, dass er die Erde nie mehr durch eine Wasserflut vernichten wird. In der babylonischen Erzählung bezeichnet Utnapischtim seine Götter als Hunde und Fliegen, weil sie dementsprechend über das Opfer herfallen. Zwischen Enlil und Ea entsteht Streit, doch zum Schluss segnet der getadelte Enlil, weil er wegen seiner Unbesonnenheit die Flut ausgelöst hatte, Utnapischtim und seine Frau.
8. Auch das Ende der Lebensgeschichte der beiden Männer könnte nicht unterschiedlicher sein. Noah ist kein Superheld in dem biblischen Bericht, sondern ein Mensch mit seinen Fehlern. Er betrinkt sich und sündigt

– und so endet der ehrliche Bericht Gottes über seinen bis dahin treuen Diener. Ganz anders ist der Schluss des babylonischen Berichts. Utnapischtim und seine Frau werden als Helden belohnt, indem sie zu Göttern gemacht und in das Reich der Götter geholt werden.

11.2.4 Ergebnis

Vielleicht ist der Leser erstaunt, dass die Unterschiede zwischen dem biblischen und dem babylonischen Bericht so ausführlich behandelt worden sind. Doch neben dem Schöpfungsbericht ist kaum etwas aus der Bibel so sehr angegriffen worden wie der Sintflutbericht. Und eines der beliebtesten Argumente ist, dass es sich dabei lediglich um die überarbeitete Abschrift des Gilgamesch-Epos handelt. Doch ist das überhaupt möglich?

- Die Maße der biblischen Arche sind doch viel komplexer als die in dem Epos. Drei Zahlen muss man sich merken, denn Länge, Breite und Höhe sind verschieden.
- Die Angaben über die Dauer der Flut sind viel präziser.
- Die Tiere, die mit in die Arche mussten, werden detailreicher beschrieben.
- Die Zeitangaben (Bau der Arche, Dauer der Flut) sind erheblich sinnvoller.
- Die Arche der Bibel ist schwimmfähig.
- Die Bibel ist ein ehrliches Buch und erwähnt auch die Schwachheiten und Sünden ihrer „Helden".
- Kurzum, sämtliche Angaben der Bibel über die Sintflut enthalten viel mehr Information und sind stimmiger als Tafel 11 des Gilgamesch-Epos.

Sicher gibt es auch wie vorher beschrieben Übereinstimmungen. Sie liegen aber nur im allgemeinen Bereich. Und diese Übereinstimmungen zeigen, dass es in der Tat eine weltumspannende Flut gab, über die im Lauf der Jahrhunderte verschiedenste Berichte angefertigt wurden. Sie war ja auch global! Doch die Unterschiede zeigen, dass der biblische Bericht ganz sicher nicht eine Abschrift des babylonischen Berichts ist. Welcher Abschreiber würde von sich aus eine Abschrift komplexer anfertigen als das Original?

Außerdem hatte Utnapischtim, der „Noah" des Gilgamesch-Epos, keine Chance zu überleben, wenn seine Arche tatsächlich würfelartig gebaut war. Ein ungefähr 60 Meter hoher Würfel mit sieben Stockwerken ist nicht schwimmtauglich, wie Berechnungen und Experimente zeigen. Laut Gilgamesch-Epos schwamm dieses Boot aber, und seine Insassen überlebten eine mächtige Flut. Wenn Mose vom Gilgamesch-Epos abgeschrieben hätte, wie manche behaupten, warum veränderte er dann die Maße des Bootes – denn laut dem babylonischen Bericht war das würfelartige Boot seetauglich? Woher hatte Mose überhaupt die idealen Maße für die Arche? Er war kein Experte für Seefahrt, sondern führte das Volk Gottes durch die Wüste.

Mit diesen Fragen beenden wir diesen letzten Abschnitt. Der Leser wird sicher seine Antworten darauf finden und hoffentlich auch den Weg zu Gott – das ist jedenfalls der Wunsch des Autors.

12 Schluss

Der Apostel Petrus schrieb in seinem zweiten Brief unter Leitung des Heiligen Geistes, dass die Menschen in den Tagen Noahs nichts davon wissen wollten, dass es eine weltweite, alles vernichtende Sintflut geben würde: „Indem ihr zuerst dieses wisst, dass in den letzten Tagen Spötter mit Spötterei kommen werden, die nach ihren eigenen Begierden wandeln und sagen: Wo ist die Verheißung seiner Ankunft? Denn seitdem die Väter entschlafen sind, bleibt alles so von Anfang der Schöpfung an. Denn nach ihrem Willen ist ihnen dies verborgen, dass von alters her Himmel waren und eine Erde, entstehend aus Wasser und im Wasser durch das Wort Gottes, durch welche die damalige Welt, von Wasser überschwemmt, unterging. Die jetzigen Himmel aber und die Erde sind durch dasselbe Wort aufbewahrt für das Feuer, behalten auf den Tag des Gerichts und des Verderbens der gottlosen Menschen“ (2. Petrus 3,3-7).

Und nicht nur der zweite Petrusbrief wusste um eine weltweite Flut, sondern auch im Hebräerbrief ist von diesem Gericht über die Erde zu lesen (Hebräer 11,7). Im Evangelium nach Matthäus sagt der Herr Jesus Christus selbst: „Denn wie die Tage Noahs waren, so wird die Ankunft des Sohnes des Menschen sein. Denn wie sie in jenen Tagen vor der Flut waren: Sie aßen und tranken, sie heirateten und verheirateten – bis zu dem Tag, als Noah in die Arche ging und sie es nicht erkannten – bis die Flut kam und alle wegraffte, so wird auch die Ankunft des Sohnes des Menschen sein“ (Matthäus 24,37-39).

Doch Gott wäre nicht Gott, wenn Er nicht immer und zu jeder Zeit einen Ausweg für die Menschen geschaffen hätte. So auch hier. Es gab Rettung in einem riesigen Boot. Und die Menschen wurden gewarnt, aber sie verlachten Noah und verspotteten Gott – bis es zu spät war. Sie hatten Gottes rettende Hand nicht ergriffen. Und nachdem Gott die Tür der Arche verschlossen hatte, war es zu spät. Noah und seine Familie waren dagegen in der Arche in Sicherheit, aber auch nur dort. Doch die Arche war viel größer, als sie sein musste. „Dann gab es wenigstens noch genügend Platz für Nahrungsmittel", mögen einige Leser jetzt denken. Das mag sein. Doch Gott hat noch eine ganz andere Botschaft: *Es befanden sich nicht nur acht Menschen in der Arche, weil damit der letzte Platz besetzt gewesen wäre, sondern weil all die anderen Menschen vor dem Beginn der Flut nicht hineinwollten, da sie Gott ablehnten.*

Man staunt über die gesamte Geschichte, und mancher Leser wird skeptische Fragen und Einwände haben. Doch das Wort Gottes ist Wahrheit und die Botschaft der Bibel ist klar: „Da ist kein Gerechter, auch nicht einer; da ist keiner, der verständig ist; da ist keiner, der Gott sucht. Alle sind abgewichen, sie sind allesamt untauglich geworden; da ist keiner, der Gutes tut, da ist auch nicht *einer*" (Römer 3,10-12). Jeder Mensch ist verloren und benötigt den Retter Jesus Christus. Und nur wer das Gnadenangebot Gottes annimmt und dem Herrn Jesus seine Sünden bekennt, wird errettet werden. Doch viele Menschen möchten nicht, so wie in der Zeit Noahs.

Die Arche ist ein Bild von Jesus Christus. Nur in ihm gibt es Sicherheit vor dem kommenden, ewigen Gericht, so wie Noah und seine Familie in der Arche vor dem Wasser der Gerichtsflut sicher waren.

Damit ist die Sintflut als Gericht Gottes ein Hinweis auf die Strafgerichte, die in naher Zukunft über die Erde kommen werden. Sie zeigt, dass Gott die Sünde nicht ungestraft lässt. Wie leichtsinnig ist es deshalb, absichtlich die Tatsache der Sintflut zu vergessen. In den Tagen Noahs zeigte Gott große Geduld mit den Menschen. Nach seiner Gerichtsankündigung gab Er ihnen noch 120 Jahre Zeit, sich zu Ihm, dem lebendigen Gott, hin zu bekehren, bis schließlich aufgrund ihres Ungehorsams die Wasser der Flut über die Erde kommen mussten. Auch heute hat Gott große Geduld mit jedem Menschen: „Der Herr zögert die Verheißung nicht hinaus, wie es einige für ein Hinauszögern halten, sondern er ist langmütig euch gegenüber, da er nicht will, dass irgendwelche verloren gehen, sondern dass alle zur Buße kommen“ (2. Petrus 3,9). Mit der *„Verheißung“* ist die Wiederkunft des Herrn Jesus Christus gemeint, auf welche die Christen schon lange warten. Doch gerade diese lange Wartezeit ist der Grund des Spottes der Spötter. Dabei ist sie in Wirklichkeit nur ein Beweis der Gnade Gottes: Er gibt noch Zeit und Gelegenheit zur Umkehr. Aber so sicher es eine ewige Errettung geben wird für die, die den Herrn Jesus Christus als ihren Erlöser annehmen, so gewiss wird die Strafe letztendlich über die Menschen kommen, die nicht umkehren wollen. Darum bitten wir „an Christi statt: Lasst euch versöhnen mit Gott!“ (2. Korinther 5,20).